L'État islamique

Du même auteur

Sahelistan
De la Libye au Mali, au cœur du nouveau jihad
Seuil, 2013

Al-Qaïda en France
Seuil, 2014

SAMUEL LAURENT

L'État islamique

ÉDITIONS DU SEUIL
25, bd Romain-Rolland, Paris XIVe

ISBN 978-2-02-122750-5

www.seuil.com

À ma mère, Anne-Marie,
et à ma compagne, Marine.

Introduction

En juin 2010, le commandant des forces américaines en Irak prononçait un discours triomphal au sujet de l'État islamique : « Quatre-vingts pour cent de leurs chefs sont morts ou arrêtés ! Quant aux autres, ils en bavent[1] ! » Le général Ray Odierno décrit un mouvement à l'agonie, laminé par sept ans de guerre massive durant laquelle Washington a déployé plus de 170 000 hommes au sol, pour un coût d'environ 1 900 milliards de dollars[2]. Mission accomplie ? Pas vraiment. .

Quatre ans plus tard, les leaders de cette même organisation contrôlent une région plus vaste que l'Angleterre, à cheval entre la Syrie et l'Irak : deux pays qui, *de facto*, n'existent plus. Ils se font appeler « État islamique ». Laurent Fabius a beau vouloir les appeler « Daesh », du nom de l'acronyme arabe de l'organisation, et les réduire à des « égorgeurs », force

1. Thom Shanker, « Qaeda Leaders in Iraq Neutralized, US Says », *The New York Times*, 4 juin 2010.
2. « Long-Term Price Tag of the Iraq War », *Congressionnal Budget Office Report*, octobre 2007

est de reconnaître que nous ne sommes plus face aux petites brigades du Mali, ni aux coupeurs de routes de la République centrafricaine.

Proclamé le 27 juin 2014, ce califat prend des allures de nouveau-né monstrueux, assoiffé de chair humaine. S'il a déjà dévoré ses deux mères, l'Irak et la Syrie, en faisant preuve d'une brutalité stupéfiante, l'État islamique n'en demeure pas moins une organisation étonnamment bien structurée, riche et solidement ancrée dans les régions qu'il contrôle. Notre gouvernement cherche des éléments de langage pour minimiser la menace. Mais quel que soit le nom qu'on lui donne, la France combat désormais un État ou, en tout cas, une organisation qui en présente presque toutes les caractéristiques.

Les stratégies de ses chefs militaires sont inventives, réfléchies et audacieuses. Souvent dignes de figurer dans les manuels des écoles de guerre occidentales. Son armée, parfaitement organisée, semble littéralement « taillée » pour contrer notre stratégie du tout aérien. Déployée et dissimulée sur l'ensemble du territoire, elle possède plusieurs régiments aux attributions très précises. Artilleurs, snipers, fantassins, blindés, forces spéciales, escadrons de reconnaissance, gardes-frontières… L'EI dispose même de ses propres usines d'armement. Ses combattants possèdent une solide expérience du feu. Tous sont prêts à mourir et appellent le martyre de leurs vœux !

La guerre constitue la première priorité de l'État islamique. Mais pas la seule. L'argent coule à flot. Principalement grâce au pétrole, même si d'autres sources de financement lui assurent une manne presque intarissable. Ici, pas de corruption, pas de dépenses inutiles ou de frais dispendieux. Malgré tout ce qui rend l'État islamique détestable, sa gestion des finances publiques constitue un modèle du genre ! L'armée fonctionne de mieux en mieux, recrute chaque jour plusieurs dizaines de jeunes volontaires, mais les habitants du califat ne sont pas en reste. Ils bénéficient d'allocations généreuses, toujours versées à temps, d'écoles, d'un encadrement financier pour les plus démunis, ainsi que de services de santé basiques, mais entièrement gratuits. La rapidité avec laquelle l'EI a mis en place cette bureaucratie particulièrement efficace a de quoi surprendre. Et terrifier...

À tous les niveaux, l'administration fonctionne avec une fluidité parfaite. Conscients que leur pouvoir repose autant sur la terreur que sur la séduction, les émirs soumettent les cadres subalternes à une discipline très stricte. Leurs attributions sont clairement définies, ainsi que les limites de leur autorité. Les instances supérieures observent avec autant d'attention les frappes occidentales que les éventuels débordements d'un membre de la police islamique, dans un obscur village du désert irakien ! Préserver l'ordre à l'intérieur du califat représente un objectif aussi vital pour les émirs que la conquête d'une nouvelle région ou l'anéantissement d'une base militaire ennemie.

Si l'administration se charge de séduire les habitants, la terreur, elle, dépend de l'Amni : la toute-puissante agence de renseignement et de sécurité, qui n'obéit qu'aux plus hautes instances du pouvoir. Ses cadres, chargés du contre-espionnage, du renseignement militaire, des enlèvements et des assassinats, prennent leurs ordres directement auprès d'Al-Bagdadi. Presque inconnue à l'étranger, l'Amni revêt néanmoins une importance capitale pour l'État islamique.

Chaque service remplit son rôle à la perfection. Armée, police, finances, santé, éducation, justice, autorités régionales, renseignement, mais également propagande, guerre électronique et opérations terroristes à l'étranger… Voici la terrifiante machine de guerre que nous allons explorer tout au long de ce livre, et à laquelle François Hollande a décidé de livrer bataille. Sans peut-être mesurer le poids et la dangerosité de son adversaire.

L'État islamique fait constamment la une de nos médias, mais les informations dont on dispose à son sujet demeurent très incomplètes. Les politologues de salon dépoussièrent leurs exposés pour rester dans la danse, et la décapitation des otages occidentaux empêche (avec raison !) les journalistes les plus intrépides de s'aventurer sur le terrain. Dès lors, comment percer les secrets de cette organisation sanguinaire et paranoïaque, qui fait tache d'huile à travers la région ?

Mon enquête se fonde, entre autres, sur les informations que j'ai pu recueillir auprès de plusieurs émirs d'Al-Qaïda, en Syrie. Nos rencontres eurent lieu durant le mois de septembre 2014, avant que la Coalition ne décide de frapper ce pays. À cette époque, Al-Qaïda et l'État islamique demeuraient de véritables « ennemis intimes », engagés dans une lutte à mort après avoir longtemps partagé le même lit. Les émirs en question, Abou Maria et Abou Hafz, des amis de longue date qui commandent plusieurs zones stratégiques dans la région de Lattaquié, n'ont pas hésité à me fournir tous les renseignements indispensables pour comprendre cette mystérieuse organisation.

Mais ils ont fait bien plus que cela ! Ils m'ont permis de rencontrer un homme clé de l'État islamique ayant fait défection quelques mois plus tôt pour rejoindre Al-Qaïda : Abou Moustapha. Ce personnage étrange, longtemps torturé dans les prisons de Bachar Al-Assad, fut un proche d'Haji Bakar, lui-même ancien patron de la Syrie pour l'État islamique et « ami personnel » d'Aboubakar Al-Bagdadi… qui le fera néanmoins exécuter au début de l'année 2014 !

Lors de nos rencontres, ce déserteur de haut rang, installé dans les environs d'Idlib, me révélera tout le fonctionnement interne de l'organisation, ainsi que sa structure et son financement. Un point capital, puisque la guerre que nous avons entreprise avec une grande légèreté ne se gagnera qu'en privant le califat des centaines de millions dont il a besoin chaque année. Durant ces entretiens, nous parlerons également d'Al-Bagdadi : une figure très mystérieuse, qui dissimulerait des secrets inavouables, aussi compromettants pour lui que pour les Occidentaux qui le combattent.

J'apprendrai aussi que l'État islamique réserve bien des surprises aux jihadistes européens : des directives tenues secrètes, que les émirs d'Al-Qaïda me dévoileront durant nos entretiens, preuves à l'appui ! Ces informations risquent de porter un coup d'arrêt important, voire définitif, au flux de jeunes volontaires occidentaux qui rejoignent le califat…

Voici donc les résultats de cette enquête sur un ennemi particulièrement mystérieux, dont nos dirigeants ne mesurent probablement ni la puissance ni la détermination, et encore moins le danger qu'il représente pour notre pays et nos compatriotes…

1

« La Charia régnera sur la terre »

Les fans du califat

Dans la banlieue de Londres, Anjem Choudary observe sa glace à la noix de coco avec un mélange d'impatience et de gourmandise. Cet homme de 55 ans, figure emblématique de la communauté salafiste britannique, semble doué d'un talent exceptionnel pour passer entre les mailles de la justice. Anjem connaît toutes les ramifications de l'État islamique en Europe. Depuis plus d'un an, il a pris fait et cause pour cette organisation et son « calife », Aboubakar Al-Bagdadi. Il incite les musulmans d'Europe à rejoindre la Syrie et l'Irak, mais jamais de façon suffisamment directe ou publique pour risquer l'arrestation. Fin septembre, il sera placé en garde à vue quelques jours. Là encore, sans suite.

Anjem connaît la loi et la manipule à la perfection. Cet ancien avocat proclame ouvertement son attachement au jihad et à l'islam des origines. Régulièrement, il poste des tweets pour déclarer haut et fort que « la Charia régnera sur la terre ! ». Les jeunes musulmans britanniques, mais également français, belges, allemands ou hollandais, viennent par centaines écouter son discours à la fois subtil et enflammé, pour « apprendre » cette doctrine salafiste qui fait tant d'émules en Europe. Pour lui, la proclamation du califat est une « excellente nouvelle ! L'événement le plus important survenu depuis un siècle pour tous les musulmans de la planète ! ».

– Une excellente nouvelle ? répondis-je en feignant la surprise. Je ne pense pas que le gouvernement britannique partage ce point de vue !

– Le califat leur fait peur. Pour vos démocraties occidentales et pour les régimes corrompus du Moyen-Orient, il est dangereux.

– Certains disent plutôt monstrueux. Barbare…

Il secoue négativement la tête avec un léger sourire, avale un morceau de glace, puis m'observe du coin de l'œil avec un regard espiègle.

– Samuel, ne me dis pas que tu te fais berner par toute cette propagande ? Pas toi ! On nous montre des images horribles en nous les présentant comme des scoops. Mais tu sais que toutes les guerres charrient leurs lots d'horreurs et de brutalités. Les villages massacrés, les exécutions sommaires de prisonniers, la torture… Tout cela, vous l'avez fait aussi ! Les Russes en Afghanistan, les Américains au Vietnam, les Français en Algérie… Sans parler des centaines de milliers de morts civils tombés en Irak, sous les bombes de Washington. Alors, oui, l'État islamique a tué des milliers de gens. Mais depuis trois ans, Bachar Al-Assad en a tué plus de 200 000 ! Et qui s'en préoccupe ? Absolument personne !

– Les agissements de Bachar excusent ceux d'Al-Bagdadi ?

– L'Occident n'a pas choisi d'entrer en guerre contre le califat à cause des victimes qu'il occasionne. En réalité, c'est l'inverse : les victimes servent d'alibi à cette nouvelle agression. L'État islamique ne tue pas davantage que n'importe quelle autre armée, dans n'importe quelle autre guerre.

– Mais elle s'en vante ! Comment justifier la décapitation de James Foley ? De Sotloff ? Et plus récemment de l'otage français Hervé Gourdel, en Algérie ?

– Les hommes de l'État islamique suivent le Coran à la lettre : « Au début de la bataille, ne faites aucun prisonnier. Aucun otage. Terrorisez l'ennemi jusqu'à ce qu'il se soumette. » Aujourd'hui, la guerre vient de commencer. C'est la terreur qui doit prévaloir. Pas le compromis.

Il fouille quelques instants dans son téléphone pour me faire lire le verset, en anglais.

– Tu dis que le califat représente un danger pour l'Occident ?

– Parce qu'il incarne le réveil de l'islam ! Depuis quatre-vingt-dix ans, la Charia n'est plus appliquée ! Les pays qui prétendent le faire, comme l'Arabie Saoudite, figurent même parmi les plus corrompus de la planète ! Aujourd'hui, avec ce nouveau califat, nous pouvons vivre en accord avec les lois du Tout-Puissant. Al-Bagdadi représente désormais l'autorité suprême et unique, pour tous les musulmans du monde.

– Pourtant, il semble loin de faire l'unanimité !

– Beaucoup de musulmans oublient la parole de Dieu. Normal ! Leur vie en Occident les pousse au vice et à la promiscuité. Ils sont endoctrinés par des mensonges et des perversions comme la démocratie ou les droits de l'homme… Ils oublient les bases de l'islam : la soumission au Très Haut et l'application de la Charia ! Mais le pendule commence déjà à s'inverser. Beaucoup d'Européens choisissent de faire leur Hijra. Et leur nombre ne cesse de croître !

– La Hijra ?

– Le retour en terre d'islam. Ces hommes et ces femmes émigrent, seuls ou en famille, pour s'installer dans le nouveau califat. Par milliers ! Chaque jour, je reçois des dizaines de messages venant de toute l'Europe. Des musulmans qui souhaitent partir et qui me demandent la marche à suivre. Rien n'arrêtera ce qui est en train de se produire ! Sans compter tous ceux qui restent en Europe, et qui prononcent leur allégeance au calife.

– Comment prête-t-on allégeance ?

– On appelle cela la Beya. Il n'existe aucun document à signer. Pas la peine, non plus, de se rendre à Mossoul pour serrer la main d'Al-Bagdadi ! L'allégeance ne requiert aucun témoin. Il s'agit d'un choix que le croyant peut garder secret. Dans les pays occidentaux, qui mènent désormais une guerre totale contre l'État islamique, peu de musulmans accepteront de t'en parler. Mais beaucoup l'ont déjà prononcée. Avec tout ce que cela implique…

– Mais encore ?

– En proclamant leur allégeance, les musulmans de l'étranger deviennent de véritables ambassadeurs du califat, prêts à exécuter les ordres de leur chef. Laisse-moi te donner un exemple : en 1914, une pièce de théâtre écrite par Voltaire, très injurieuse à l'encontre du Prophète, fut programmée dans plusieurs salles françaises et britanniques. Immédiatement, le calife de l'époque, le dernier de l'Empire ottoman, demanda qu'on annule les représentations. La France accepta sans broncher, mais l'Angleterre voulut résister. Au nom de la sacro-sainte « liberté d'expression ». Devant l'obstination des Britanniques, le calife menaça la Couronne d'appeler tous les musulmans du continent indien au jihad, si l'on donnait une seule de ces représentations.

– Quelle fut la réaction de Londres ?

– La pièce blasphématoire fut immédiatement passée à la trappe ! Parce qu'il s'agissait d'une menace très réelle... Le calife constitue la plus haute autorité de ce monde. La seule qui puisse légitimement commander aux musulmans de se soulever comme un seul homme !

– Et tu penses qu'Al-Bagdadi pourrait lui aussi appeler au jihad ? À l'intérieur de l'Europe, par exemple ?

– Il en a le pouvoir. Et les frappes aériennes contre l'État islamique lui donnent le droit d'appeler les musulmans à la riposte.

– Par le terrorisme ?

Anjem soupire en feignant le désarroi.

– Quand une de vos bombes explose, il s'agit d'une guerre. Pour les nôtres, vous appelez ça du terrorisme...

– Ça veut dire oui ?

– Bien sûr ! Et la menace dépasse tout ce que vous pouvez imaginer ! Cette fois, l'Occident s'attaque à un adversaire particulièrement coriace. J'ignore ce que tu vas découvrir et je ne peux te donner aucun contact au sein de l'État islamique. Tu devras te débrouiller seul. Mais d'après ce que je sais, l'ordre qui règne au sein de cette organisation a de quoi faire peur. Je ne parle ni des massacres ni des exécutions d'otages savamment mises en scène. Ce qui devrait davantage vous inquiéter, c'est l'incroyable sophistication de leurs structures. Du sommet jusqu'à la base. Des soldats prêts à exécuter leurs adversaires par centaines, tu en trouveras partout ! Mais lorsque ces soldats sont encadrés par une structure aussi secrète que la CIA, elle-même gérée avec toute la rigueur d'une multinationale, sans que l'argent ne pose jamais le moindre problème… il y a de quoi s'inquiéter.

Nous sommes installés depuis près d'une heure au Café des Délices, notre point de rendez-vous habituel à Walthamstow, dans la banlieue nord de Londres. D'autres salafistes viennent s'asseoir sur les canapés d'en face, après nous avoir chaleureusement serré la main. Dans ce fief de l'islam radical, les Britanniques se font rares. Et surtout discrets.

– Beaucoup de gens prétendent que ce califat ne possède aucune légitimité, d'un point de vue islamique. Notamment au sein d'Al-Qaïda. Qu'en penses-tu ?

– Qu'il s'agit d'une question de rivalité personnelle : Al-Zaouahiri refuse de perdre sa position de leader et tente de s'accrocher aux branches. Mais, graduellement, Al-Qaïda va se ranger sous la bannière du califat. En tout cas, je l'espère… conclut-il en balayant la question d'un geste de la main.

– Pourtant, les critiques fusent de partout. Certaines grandes figures du salafisme[1] conseillent même au calife

1. Mohamed Al-Maqdissi, ancien compagnon d'Oussama Ben Laden en Afghanistan et mentor d'Abou Moussab Al-Zarqaoui en Irak. Farouche critique de l'EI depuis sa libération de prison l'été dernier (Jordanie).

de revenir en arrière, de « faire amende honorable et de réfléchir à ses erreurs » !

– L'islam impose des règles précises pour l'établissement d'un califat. Sans interprétation possible. Et en l'occurrence, ce nouvel État répond à tous les critères !

– Lesquels ?

– Le califat doit pouvoir assurer la subsistance de ses habitants : leur fournir de quoi manger, dormir et se vêtir. D'après ce que me disent nos frères installés sur place, le nouvel immigrant perçoit un salaire, qu'il combatte ou non. On lui offre une maison et les denrées alimentaires ne manquent pas. Donc, la première condition me paraît remplie.

Anjem commande un café au lait et plaisante quelques instants avec le patron. Il oublie de préciser que les maisons « offertes » aux étrangers appartenaient précédemment à des chiites, des soldats syriens, ou de simples musulmans modérés, dépossédés de leurs biens par l'État islamique avant d'être exécutés…

– Ensuite, le califat doit pouvoir assurer la sécurité de ses frontières.

– C'est le cas ?

– Oui. Des soldats, qu'on appelle les Mourabitounes, surveillent les confins de l'État pour prévenir toute attaque sur les populations civiles. Donc, là encore, les hommes d'Al-Bagdadi se conforment aux règles de l'islam. Par ailleurs, le califat s'articule autour d'une structure précise. Sensiblement identique à celle qui prévalait à l'époque du Prophète. Là encore, tous les Européens résidant sur place le confirment.

Je tente d'en savoir plus sur cette mystérieuse « structure », mais je me heurte à un mur de silence. Dès que les informations deviennent plus concrètes, et donc plus sensibles, mon interlocuteur esquive le sujet. Il me faudra enquêter sur place pour en apprendre davantage. Anjem se contente de me livrer la douce propagande des supporters du califat, conscients que chaque renseignement fourni à un infidèle peut se retourner contre eux à la vitesse de l'éclair. Ce discours, Anjem le répète à tous ses étudiants européens : des jeunes aisément manipulables, qui en viennent à considérer la démonstration péremptoire de mon ami comme une vérité intangible. Eux qui, bien souvent, ne demandent qu'à être convaincus…

C'est grâce à ce discours, relayé par les disciples d'Anjem dans les cités de Bruxelles, de Paris, de Marseille ou d'Amsterdam, que les candidats au départ ne cessent de croître, malgré les mesures de plus en plus contraignantes mises en place par nos responsables politiques.

– L'autre condition à remplir concerne l'armée… poursuit Anjem d'une voix enthousiaste et emplie de fierté. À ceci près que nous ne sommes pas la France ni l'Angleterre ! ricane-t-il. En Islam, il ne s'agit pas d'un ministère de la Défense, mais d'un ministère de la Guerre ! En se fondant sur les écrits de l'imam Chafii, troisième génération après celle du Prophète, les salafistes considèrent qu'un califat peut être invalidé s'il ne proclame pas le jihad au moins une fois par an ! Nul besoin de te dire que l'État islamique d'Al-Bagdadi ne déroge pas aux règles établies en matière militaire !

– Et Al-Bagdadi ? Certains contestent sa légitimité et tournent même en dérision son statut de calife…

– Eh bien, ils se trompent lourdement ! Il existe six prérequis pour pouvoir être nommé à ce poste.

– Lesquels ?

– Il doit s'agir d'un homme, musulman, adulte, libre [une référence aux esclaves, à l'époque du Prophète], digne de confiance et sain d'esprit. Al-Bagdadi passe le test haut la main ! Certains oulémas[1] établissent une liste de conditions supplémentaires, préférables mais pas obligatoires. Selon eux, le calife devrait appartenir à la tribu du Prophète, les Qureshi, posséder une solide connaissance de la Charia et faire montre de bravoure au combat. Aboubakar Al-Bagdadi appartient à la tribu du Prophète. Il possède un doctorat en loi islamique, et combat les infidèles depuis 2003, en Irak. Cet homme est littéralement surqualifié pour occuper la fonction de calife !

– Comment a-t-il été nommé ?

– En recevant une offre d'allégeance faite par les oulémas et les notables de la région. Dans son premier discours, à Mossoul, il décrivait sa nouvelle fonction comme un « immense fardeau ». En effet, il ne s'agit pas d'un titre confortable ! Les présidents ou Premiers ministres occidentaux peuvent commettre les pires erreurs sans en subir les conséquences. Al-Bagdadi, lui, règne sur un État en guerre, entouré d'ennemis qu'il doit non seulement contenir, mais également annexer.

– Pourquoi ?

– Pour appliquer la Charia sur un territoire toujours plus vaste ! N'oublie pas qu'en arabe nous appelons le califat le « royaume en perpétuelle expansion ». Les

1. Sages de l'islam.

grandes puissances de la planète veulent le détruire, mais qu'importe : si c'est la volonté de Dieu, Al-Bagdadi triomphera de tous ces mécréants…

La discussion se poursuivra longtemps dans la nuit. Je tenterai d'arracher à mon ami quelques noms ou quelques contacts qui me permettraient de progresser plus rapidement, une fois sur place… Peine perdue.

Pour ses partisans, l'État islamique agit en plein accord avec l'islam. Le calife, quant à lui, semble posséder tous les attributs de l'homme providentiel. Les belles paroles d'Anjem Choudary ne révèlent rien de concret, si ce n'est le discours de propagande servi aux jeunes volontaires tentés par le départ. Un exposé fait de certitude et de triomphalisme, qui dresse un tableau idyllique et simplifié de ce nouvel État, présenté comme l'Eldorado de tout vrai musulman. Mais comme je vais le découvrir, la réalité s'avère très différente…

2

La structure de l'organisation

Les structures du califat demeurent mal connues et nimbées de secret. Quelques noms circulent, et les médias s'essaient à des organigrammes souvent hasardeux. CNN explique au début du mois d'octobre[1] qu'il existe un Conseil légal « chargé d'écrire les lois ». Cet exemple, parmi d'autres, dénote une méconnaissance profonde du système mis en place par l'État islamique, dans la mesure où ce dernier ne produit aucun texte de loi : comment le pourrait-il, lui qui applique la Charia sans jamais la modifier ? Les erreurs de ce type abondent, et accentuent la confusion au lieu de la dissiper…

Aboubakar Al-Bagdadi règne sur un système très décentralisé. Deux Premiers ministres et deux gouvernements relaient ses directives en Irak et en Syrie. Cette double structure peut paraître déroutante, mais elle permet au calife d'asseoir son autorité sur deux régions traversées par des conflits et des dynamiques si différentes qu'elles ne sauraient être gouvernées de la même façon. Ni par les mêmes hommes…

1. http://edition.cnn.com/2014/09/18/world/meast/isis-syria-iraq-hierarchy/

Le « Premier ministre » de Syrie se nomme Abou Ali Al-Anbari : un colosse à la barbe effrayante qu'on dit brutal et peu cultivé, à la différence de l'émir, dont nous étudierons plus loin le parcours et la personnalité. Originaire de Mossoul, cet ancien général de l'armée irakienne se décrit comme « un chien de berger », qui rassemble et guide son troupeau sous les ordres du calife. En 2003, il déserte et rejoint les rangs d'Ansar Al-Islam, le plus vieux mouvement salafiste du pays, basé dans les montagnes du nord-est. Arrêté en 2005, puis libéré l'année suivante, il intègre l'État islamique d'Irak dès sa création, en octobre 2006.

Abou Ali Al-Anbari dirige désormais les régions syriennes et possède tout pouvoir à l'intérieur de celles-ci. Il dispose d'un gouvernement composé de plusieurs « ministères » : Armée, Finances, Justice, Renseignement, Administration publique, et d'autres branches de moindre importance comme l'Éducation ou la Santé.

Les régions irakiennes se trouvent placées sous le commandement d'un *autre* « Premier ministre », Abou Mouslim Al-Turkmani, entouré d'un *autre* gouvernement. Ancien lieutenant-colonel des services de renseignement de Saddam Hussein, il a également fait partie des forces spéciales, une brigade d'élite au sein de la Garde républicaine irakienne. Selon plusieurs témoignages concordants, Abou Mouslim Al-Turkmani s'est tourné très tardivement vers l'islam radical, après l'invasion américaine, et au contact des insurgés sunnites dont il faisait partie. Jusqu'en 2001, il gravitait dans le sérail de l'ancien régime, amateur de femmes et de bonne chère. Une vie antérieure dont il essaie désormais d'effacer toutes les traces. Et on comprend pourquoi…

Relativement nouveau à ce poste, il remplace Abou Abderhamane Al-Bilaoui, tué à Mossoul au mois de juin 2014, lors d'une opération de l'armée irakienne. La mort de ce personnage clé a permis aux services de renseignement américains de saisir une quantité non négligeable de documents informatiques : un butin qui représente à peu près toutes les informations dont dispose aujourd'hui l'Occident pour mener cette guerre, et évaluer avec précision la menace représentée par l'État islamique. Bien sûr, tout cela demeure largement insuffisant. L'absence de renseignements au sol se fait cruellement ressentir et explique en partie l'inefficacité de nos frappes aériennes.

On peut noter, non sans ironie, que les deux personnes les plus proches d'Al-Bagdadi sont d'anciens apparatchiks du régime de Saddam Hussein, qui orchestrait une répression farouche des mouvements islamistes irakiens. Un paradoxe de taille puisque, désormais, le calife fait confiance à des hommes qui le traquaient sans relâche, jusqu'à l'arrivée des Américains en 2003.

Beaucoup de commentateurs et de « spécialistes » cherchent à ajouter des cases dans leurs tableaux en évoquant l'existence d'un Conseil secret composé de ces deux personnages et d'Al-Bagdadi. En réalité, ce conseil est une vue de l'esprit, puisqu'il nous ramène simplement aux relations du chef de l'État avec ses chefs de gouvernement. La confusion vient du fait qu'à la différence du système français, par exemple, il n'existe pas un, mais *deux* Premiers ministres. Al-Bagdadi définit ses stratégies avec eux, puis ces derniers relaient la décision finale du calife dans leurs zones de compétence respectives…

Al-Bagdadi et ses conseillers séjournent le plus souvent dans de petits villages isolés, perdus dans le désert. Ces hommes habitués à la clandestinité savent parfaitement déjouer les pièges grossiers de notre aviation, qui frappe aujourd'hui des entrepôts militaires, des raffineries ou des groupes de soldats. Bref, tout ce qui demeure visible et à portée de tir : la partie émergée de l'iceberg…

Le calife reste constamment en contact avec ses conseillers, sans jamais décrocher un téléphone.

– Une empreinte vocale, et la NSA la détecte immédiatement : il ne commettra jamais cette erreur, explique l'homme que j'appellerai « Samad », un informateur syrien de Gaziantep qui travaille pour les services de renseignement américains.

Abou Hajar Al-Hassafi dirige les « Postes du califat » : un service de messagers aussi discret qu'efficace. Ses hommes se déplacent en permanence, et peuvent livrer les missives les plus confidentielles en seulement quelques heures, d'un bout à l'autre du territoire. Al-Hassafi n'est pas un novice. Recruté par Al-Bagdadi lors de son accession à la tête de l'État islamique d'Irak en 2010, il possède des relais à travers tous les villages sunnites du centre et du nord du pays. Depuis 2012, il procède au même travail en Syrie, particulièrement dans les régions de Raqqa, Deir ez-Zor et Hassaka (nord-est), qui représentent le fief historique du califat.

Sans agents de terrain capables d'informer la Coalition en temps réel, sans possibilité d'écouter les conversations de l'ennemi, qui utilise des messagers au lieu de décrocher son téléphone, l'Occident mène cette guerre à tâtons, comme un géant aveugle qui frapperait au hasard. Et dans le vide…

Pour l'heure, Al-Bagdadi ne commet aucune erreur. Il ne s'entoure pas d'une escorte imposante, facilement repérable par un drone ou un avion de chasse. Une précaution par ailleurs totalement inutile, puisque ses hommes contrôlent sans partage l'ensemble du califat. Il se déplace avec deux ou trois membres de sa garde rapprochée, à l'intérieur d'un pick-up banalisé, d'un minibus ou d'une voiture en mauvais état, toujours impossible à identifier. Même chose pour Al-Anbari et Al-Turkmani. Ces « Premiers ministres » possèdent chacun plusieurs dizaines de planques, respectivement en Syrie et en Irak :

– Ils se déplacent en permanence, fixent des rendez-vous là où ils ne se rendent pas, et débarquent à l'improviste cinq cents kilomètres plus loin ! Tout cela, sans jamais laisser la moindre indication sur leurs déplacements. « Ces hommes ont la paranoïa dans le sang ! » explique Tarek, un ami qui m'avait déjà aidé lors de ma précédente enquête[1], et qui travaille avec eux depuis longtemps.

Ces méthodes d'esquive et de dissimulation fonctionnent visiblement bien, dans la mesure où les centaines de frappes de la Coalition ne parviennent toujours pas à atteindre les dirigeants de cette organisation…

Al-Bagdadi reçoit des rapports mensuels sur tous les domaines de la vie publique. Ces rapports émanent

1 *Al-Qaïda en France*, Seuil, 2014.

des différents « ministères » dont nous allons parler plus loin. Ils fournissent un compte rendu très précis sur la situation qui prévaut à l'intérieur du califat, région par région. Ces ministres, qu'on appelle des émirs, ajoutent également des recommandations ou des requêtes. Si elles sont acceptées par le calife, alors l'émir concerné entre en contact avec son homologue des finances qui débloque les sommes nécessaires. En liquide, évidemment.

Les « ministères »

Il existe sept « ministères » principaux : l'Armée (appelé « ministère » de la Guerre), le Renseignement, les Finances, la Justice, l'Administration publique, la Propagande et les Affaires militaires, qui s'occupent à la fois de la logistique et de la production locale d'armement, sous l'autorité d'Abou Chema[1]. Ce « ministère » coordonne les déplacements de matériel. Comme il opère des deux côtés de la frontière (Syrie et Irak), il est dirigé par un seul ministre, dont l'autorité s'étend à l'ensemble du califat. Il répond aux besoins des uns et des autres en acheminant, par exemple, des munitions produites en Syrie aux soldats qui se trouvent en Irak. Abou Chema occupe donc le poste de ministre dans deux gouvernements à la fois…

L'Éducation et la Santé peuvent *techniquement* être considérées comme des « ministères ». Mais ils fonctionnent avec des budgets si dérisoires que leur poids

1. De son vrai nom Fares Reif Al-Naima.

demeure négligeable, même si les modifications des programmes scolaires constituent un élément important sur lequel nous reviendrons.

Au niveau central, ces « ministères » emploient très peu de personnel. Juste une équipe d'assistants qui facilite le travail de l'émir : un ou plusieurs comptables, des aides de camp, quelques informaticiens, des chauffeurs... Par exemple, le « ministère » de la Guerre syrien n'emploie qu'une vingtaine de personnes à son siège de Raqqa, malgré l'importance vitale des opérations militaires. Le gouvernement est expurgé de toute bureaucratie superflue. Les « ministères » les plus importants en termes d'effectifs sont ceux de la Propagande (environ trente personnes en Syrie) et du Renseignement, puisque le département de la guerre électronique et son armada d'informaticiens se trouvent sous son contrôle. En Syrie, ce « ministère » emploie plus d'une centaine de personnes, y compris des soldats spécialement affectés à la protection des programmeurs, véritables trésors aux yeux du calife.

Les structures régionales

Chacune des provinces de l'État islamique se trouve sous l'autorité d'un wali, qui dépend lui-même du « ministère » de l'Administration publique : Abou Mohamed Souidaoui à Al-Anbar, Abou Abdellah Al-Iraki à Damas, Amir Rafdan à Deir ez-Zor, Abou Oussama Al-Iraki à Hassaka, Al-Walasihir Al-Arabi à Homs... Tous les hommes dont j'ai pu découvrir les identités sont irakiens, y compris en Syrie. Même chose, d'ailleurs, pour la plupart des commandants militaires.

– Les Syriens sont colonisés par l'EI, enrage Hussam Al-Marie, le porte-parole de l'ASL[1] en Turquie.

Un élément clé qui pourrait fragiliser la position de l'État islamique sur le long terme, plus sûrement que les frappes aériennes ou une possible intervention au sol. Personne n'apprécie ce nouveau califat en Syrie : leur contrôle repose exclusivement sur la politique de terreur menée par les services de renseignement et le fanatisme débridé de ses soldats. Profondément exaspérés par ce flot d'étrangers qui exerce une autorité absolue sur chaque aspect de leur vie, les habitants se taisent pour survivre. Cette dictature très organisée qui ne manque ni d'hommes ni d'argent parvient sans peine à étouffer la contestation et la colère des habitants. Mais le ressentiment existe. Et il grandit…

Dans chaque province, le wali représente une sorte de « mini-calife » aux attributions assez limitées. Il est notamment chargé de mettre en place une choura, c'est-à-dire un conseil, qui s'occupe des travaux de voirie et du ramassage des ordures, et sur laquelle il a pleine autorité. Mais les émirs locaux des grands « ministères » reçoivent directement leurs ordres du centre. Le wali conserve seulement la haute main sur l'éducation et la santé, qui ne semblent pas intéresser grand monde…

Le « ministère » de l'Éducation demeure une structure trop basique pour mériter un chapitre entier. D'après mes informations, fondées sur les témoignages

1. Armée syrienne libre, les rebelles modérés soutenus par l'Occident.

de plusieurs habitants de Raqqa, Hassaka et Mossoul, il semble que les directives soient en place pour cette première année scolaire, même si l'organisation demeure parfois chaotique. Surtout en Irak.

Abou Hamza Riyad Ziad, le « ministre » de l'Éducation en Syrie qui occupe *en même temps* le poste d'enquêteur général au sein des services de renseignement, a mis en place des modules de formation auxquels les enseignants sont tenus de participer depuis le début du mois d'août. Ces cours de rééducation sont supervisés par Abou Ali Chalayi, véritable commissaire politique du califat.

L'objectif consiste à vérifier que les programmes scolaires s'accorderont désormais pleinement avec la Charia. Les cours de dessin, de musique et de philosophie sont bannis, tandis que l'histoire reflète désormais la ligne officielle du califat. Plus question d'États, d'accord internationaux ou de politique étrangère : l'histoire doit désormais dépeindre la lutte acharnée de l'Islam contre les hordes d'infidèles qui peuplent la planète. Point, à la ligne.

Le nouveau programme demeure embryonnaire et les enseignants disposent encore d'une certaine liberté d'action. Mais les écoles fonctionnent déjà. Dans la seule ville de Raqqa, on en compte cinq, y compris une université scientifique réservée aux femmes, *Al Moutafa Woulqin* (« les génies »). Les étudiantes ne semblent pas rencontrer de difficulté particulière, en dehors du code vestimentaire très strict qui prévaut dans tout l'État islamique. L'éducation fonctionne sans budget propre, et les salaires du personnel sont ponctionnés directement sur les deniers des services régionaux (wilayat).

Au niveau local, l'émir de l'Amni (services de renseignement) ne rend de comptes à personne. Le wali connaît seulement son nom. Mais il ignore tout de ses activités, ainsi que des agents qu'il recrute ou qu'il infiltre dans sa région. L'émir de l'Amni peut ordonner l'arrestation de n'importe quel citoyen du califat. Y compris un chef de brigade, un juge ou même le wali en personne ! Cette structure particulièrement secrète représente, comme nous le verrons, un des piliers du califat.

Le wali ne contrôle pas non plus les usines d'armes et de munitions. Celles-ci dépendent directement du « ministère » de l'Armement et de la Logistique, dirigé par Abou Chema. Tout comme les puits de pétrole, qui dépendent directement du « ministère » des Finances. Le wali ne prend pas non plus de décisions stratégiques, si une bataille éclate dans sa juridiction. L'émir local de la Guerre s'empare du dossier, intervient avec ses hommes, ou en réfère aux autorités supérieures si le problème exige l'envoi de renforts.

Les budgets, par « ministère »

Chaque « ministère » possède un budget attribué pour une période de trois mois. Bien sûr, il s'avère extrêmement difficile d'obtenir des chiffres précis sur l'argent dont dispose le califat, et plus difficile encore de comprendre la façon dont ces hommes le répartissent. Voici néanmoins quelques-unes des informations que j'ai pu recueillir et croiser, auprès de sources fiables et très bien informées.

Avec un budget situé entre 300 et 400 millions de dollars annuels, le « ministère » de la Guerre se taille la part du lion. Bien que gigantesque, le chiffre ne semble pas déraisonnable. En effet, si l'on considère que l'armée emploie 50 000 soldats payés environ 300 dollars par mois, la masse salariale des combattants de l'État islamique représente déjà un montant de 180 millions de dollars annuels. Avec l'assaut de Kobané et les campagnes irakiennes en cours, on peut supposer que les dépenses vont même augmenter dans les mois qui viennent…

La production d'armement représente un secteur vital qui approvisionne les soldats en obus, munitions, explosifs, mais également en canons et mortiers artisanaux. Pourtant, il ne coûte pas cher à l'État islamique ! D'après mes renseignements, les installations situées en Syrie reçoivent un budget d'environ 30 millions de dollars annuels. Il existe quatre usines dans ce pays. L'une d'entre elles se trouve dans le village d'Akerchi, à l'est de Raqqa. Elle produit des munitions et emploie une vingtaine de personnes, dont deux ingénieurs. Vu qu'il ne coûte quasiment rien, le matériel s'avère d'une qualité médiocre et les émirs de la Guerre préfèrent importer leur équipement depuis l'Irak, au marché noir, à des prix pourtant prohibitifs…

La justice fonctionne avec un budget de 10 à 15 millions de dollars annuels, malgré l'importance capitale de ce « ministère ». Même chiffre pour le département de l'Administration publique, bien que le wali soit en charge de tous les travaux de maintenance et de rénovation dans la région qu'il contrôle. Le « ministère » des Finances dispose lui aussi d'un maigre budget, situé entre 20 et 30 millions de dollars. Rien d'étonnant, dans la mesure où son activité se limite à récolter les fonds, puis à les faire transiter de la base vers le sommet, avant de les redistribuer en sens inverse. Chaque fonctionnaire joue son rôle à la perfection, sous peine d'être immédiatement remplacé, voire exécuté, pour ce manque de ferveur que les services de renseignement considéreront comme suspect…

Au sujet de ces derniers services, je n'apprendrais rien. Leur budget demeure complètement nébuleux et chacun y va de sa petite estimation, sans pouvoir justifier d'une façon ou d'une autre les chiffres qu'il avance. La structure interne demeure si opaque, si impénétrable, que ses frais de fonctionnement réels demeurent une énigme.

La guerre électronique, en revanche, absorbe une fraction non négligeable du budget de l'État islamique. Comme nous le verrons plus loin, ce département est devenu la bête noire des adversaires du califat, souvent bien mal armés pour faire face à ce nouveau danger. Al-Bagdadi alloue entre 50 et 80 millions de dollars annuels à ce département, lui-même placé sous le contrôle des services de renseignement.

Le « détachement des attentats-suicides » (c'est bien ainsi qu'il se fait appeler !) coûte très peu en hommes et en argent, même s'il représente indéniablement l'une des pièces maîtresses du califat. Certains « experts » prétendent qu'il s'agit d'un « ministère » indépendant, mais cela est faux. Ce département mortifère appartient lui aussi aux services de renseignement. En ce qui concerne son budget, toutes les sources concordent pour dire qu'il ne dépasse pas 10 millions de dollars annuels, voire moins. Une somme là encore intégrée au budget de l'Amni.

Les deux parents pauvres du califat sont l'éducation et la santé, dont on m'a décrit les finances comme « misérables », voire « inexistantes » dans certaines régions. Tout le monde s'accorde sur ce point, et mes informateurs ne sont pas *seulement* des détracteurs de l'État islamique...

En tenant compte des estimations les plus élevées, le budget de fonctionnement du califat s'élève à environ 500 millions de dollars annuels, en occultant les sommes allouées aux services de sécurité, probablement assez conséquentes. Comme nous allons le voir, les finances de cette organisation sont extrêmement solides et proviennent de sources variées. Néanmoins, ce budget colossal ne laisse que peu de place à l'imprévu.

La prise de Mossoul a permis au calife de faire main basse sur des stocks d'or et de devises qui sont estimées à plus de 500 millions de dollars. L'argent saisi à Raqqa en 2013 représentait environ 200 millions de dollars. Certains spécialistes estiment même les réserves du califat à plus de 2 milliards de dollars. Mais ce chiffre est faux. Il repose sur la capture de documents secrets au domicile d'Abou Abderrahmane Al-Bilaoui à Mossoul, en juin 2014. Cet homme, tué lors de l'opération, était le « Premier ministre » de l'État islamique pour l'Irak. Dans ses archives, les agents trouvèrent des centaines de cartes mémoires qui levaient le voile sur la trésorerie de l'organisation.

Jusqu'à ce moment, personne ne pensait que l'État islamique pouvait être aussi riche.

Pourtant, le chiffre utilisé par la presse repose sur une lourde ambiguïté. Au vu des documents, l'État islamique « pesait » 850 millions de dollars avant la prise de Mossoul. Après la capture de cette ville, il sera réactualisé par les services de renseignement, et dépassera les 2 milliards de dollars. Mais cette estimation reflète la valeur *combinée* du matériel et des ressources financières de l'organisation. Ce montant inclut donc les devises, l'or, mais également les véhicules, les armes, les camions, les tanks et les hélicoptères saisis dans les bases syriennes et irakiennes. Pas l'argent dont dispose le califat pour assurer ses dépenses courantes, loin s'en faut !

La prise de Mossoul assure un certain confort à l'État islamique, pour les mois ou même les années à venir. À condition qu'aucune des sources de financement actuelles ne se tarisse, en particulier le pétrole. Les bombardements de la Coalition semblent avoir fortement perturbé la production d'hydrocarbures. Du moins temporairement.

Al-Bagdadi contrôle des richesses naturelles importantes, mais il ne peut pas vivre en autarcie pour autant ! Le calife de ce royaume supposé divin se noie dans un insoluble paradoxe : entouré de nations hostiles qu'il veut conquérir ou exterminer, ces voisins n'en demeurent pas moins indispensables à sa propre survie. Y compris l'ennemi absolu, Bachar Al-Assad, avec qui l'État islamique pactise de façon indirecte pour obtenir les devises qui lui permettront de le combattre. Dans cette guerre plus schizophrénique que toute autre, le califat nourrit ses ennemis pour assurer sa propre survie, et inversement !

Face à cet équilibre précaire, Al-Bagdadi ne dispose d'aucune marge d'erreur. Son organisation, aussi riche que dépensière, peut rapidement succomber à un défaut de trésorerie. Saigné à blanc par une guerre qui lui offre en retour de fantastiques sources de revenus, l'État islamique montre ici la première faille de sa cuirasse :

– Al-Bagdadi est condamné à la fuite en avant ! Pour alimenter sa machine de guerre, il doit gagner toujours plus d'argent. Si le pétrole arrête de couler, si les princes du Qatar et d'Arabie Saoudite arrêtent de payer, s'il perd la frontière turque et ses trafics particulièrement juteux, son mouvement s'écroule en moins d'un an ! explique Abou Maria, l'émir d'Al-Qaïda dans la région de Lattaquié, avec une lueur de satisfaction dans les yeux.

Mais beaucoup ne partagent pas ce point de vue. D'abord parce que les réserves de l'État islamique lui offrent tout de même une longue période de répit. Suffisamment, peut-être, pour établir de nouvelles filières de contrebande, et percevoir à nouveau les pétrodollars qui assurent sa survie. Malgré les frappes aériennes de la Coalition, les caisses de l'État islamique sont toujours pleines.

3

L'armée

L'armée constitue la clé de voûte de l'État islamique, le fondement de sa puissance et de l'étonnante fascination qu'il exerce sur ses sympathisants à travers le monde entier. Symbole de force, de conquête et d'invincibilité, elle s'organise autour d'une structure complexe et très efficace, parfaitement adaptée aux exigences du terrain. Avec environ 50 000 hommes au début du mois d'octobre (un chiffre qui ne cesse de croître), les militaires occidentaux se trouvent face à un adversaire aguerri, bien équipé, professionnel et surtout très déterminé.

Ne devient pas soldat de l'Islam qui veut ! Chaque nouvelle recrue passe par une phase d'évaluation et d'entraînement. Les camps fleurissent désormais à travers la Syrie et l'Irak. Il ne s'agit ni de casernes ni de bâtiments militaires aisément repérables, mais bien souvent de simples villages dont on réquisitionne une partie des habitations pour héberger les futurs combattants, entraînés dans la campagne alentour. Les frappes menées par la Coalition se heurtent à l'absence d'informations et de renseignements au sol, qui rend toute acquisition de cible fortement aléatoire.

Les bases de l'État islamique où l'on forme ces nouvelles recrues ressemblent à n'importe quelle maison, n'importe quelle ferme, et rien ne vient trahir les activités qui s'y déroulent. Par ailleurs, la présence de civils imbriqués dans les structures militaires, parfois à seulement quelques mètres, relève d'une stratégie savamment élaborée pour occasionner le maximum de dommages collatéraux en cas de frappes aériennes.

Les aspirants au jihad sont formés pendant un mois. Ils reçoivent une éducation militaire basique mais focalisée sur l'essentiel : maniement et entretien d'un fusil d'assaut, corps à corps, ainsi que des rudiments de stratégie pour intégrer efficacement leur future brigade. Durant cette période, les nouveaux venus ne perçoivent aucun salaire. Ils sont logés, nourris, entraînés, mais également « rééduqués » par des imams qui leur enseignent les « hakid » : les bases de l'islam. Cela, d'une façon particulièrement biaisée et partiale. Selon un ancien combattant de l'État islamique ayant fui vers la Turquie, « tout le discours se fonde sur le jihad et l'exaltation du martyre. Avant de rejoindre les troupes du califat, j'avais combattu au sein de l'Armée syrienne libre. Même s'il y a beaucoup à dire sur cette organisation, les choses me semblaient plus claires : on nous parlait de la Syrie, du combat contre Bachar Al-Assad, de la libération de notre pays… Et même si aucun d'entre nous ne craignait la mort, elle ne représentait pas une fin en soi ! Juste un risque que nous acceptions de prendre. À Raqqa, l'imam nous expliquait d'emblée que nous ne survivrions pas à toutes les batailles qui allaient suivre. Et que nous devions nous en réjouir ! Selon lui, la seule chose à faire consistait à devenir de valeureux combattants, mais surtout des musulmans irréprochables, capables d'aimer le martyre et de gagner notre place au paradis. Clairement, nos vies ne comptaient pas ».

Pourtant, la plupart des volontaires sont séduits par le jusqu'au-boutisme de ce discours. Par ailleurs, l'État islamique paie bien. Et surtout, à temps : une différence de taille avec les brigades de l'Armée syrienne libre, rongées par la corruption et complètement désorganisées. Au terme de leur période d'entraînement, les soldats du califat perçoivent une solde qui ne varie plus. Qu'ils servent dans une unité d'élite ou qu'ils demeurent simples fantassins, les salaires demeurent fixes. Mais je découvrirai que cette armée, loin de placer tous les moudjahidines sur un pied d'égalité, paie ses hommes en fonction d'un étrange barème ethnique !

Les combattants syriens et irakiens ne perçoivent que 250 dollars par mois. Ceux qui viennent d'Afrique subsaharienne en perçoivent 300. Les combattants du Maghreb et des autres pays arabes 350, tandis que les Européens demeurent privilégiés avec 500 dollars mensuels. Mais ce sont les Américains qui tiennent le haut du pavé, avec des salaires qui atteignent 700 dollars ! Aberration bureaucratique ? Probablement pas. Ce barème très clairement établi dévoile une partie des objectifs du califat, qui vise à recruter des hommes dans le camp adverse pour des objectifs de propagande assez évidents. Les Américains qui viennent combattre sous le feu de leur propre armée représentent de véritables trophées médiatiques, au même titre que les Européens.

La guerre, pour l'État islamique, se gagne autant par les images et les symboles que sur les champs de bataille...

Les chefs de guerre

Le ministre de la Guerre en charge de l'Irak se nomme Ali Kiffa. Ancien émir du détachement des attentats-suicides, cet homme d'une quarantaine d'années occupe ce poste depuis la proclamation du califat, le 27 juin 2014. En Syrie, les opérations militaires de l'État islamique sont dirigées par Abou Omar Al-Chechani : une figure légendaire du jihad, considéré comme un stratège exceptionnel et un redoutable combattant.

Abou Omar Al-Chechani se nomme en réalité Tarkan Batirashvilli. Né en 1986 de père géorgien, orthodoxe, et de mère tchétchène, musulmane, il grandit dans les gorges de Pankissi, à la frontière entre les deux pays. Un territoire inhospitalier, réputé pour la rudesse de son climat et de sa géographie. Pendant son enfance, alors qu'il fait paître les moutons de ses parents dans les montagnes, il croise régulièrement les combattants de la rébellion tchétchène qui partent attaquer les troupes russes. Selon son père, c'est à cette époque qu'il se tourne vers l'islam, au contact de ces hommes pour qui il éprouve une admiration sans bornes. Il les accompagnera à plusieurs reprises pour participer aux embuscades, de l'autre côté de la frontière, à quelques kilomètres de son village.

Son attrait pour la chose militaire ne se démentira jamais. Pas plus que son exceptionnel talent de guerrier et de stratège. Il s'enrôle à 21 ans dans l'armée géorgienne. Son instructeur le repère immédiatement et l'intègre dans une unité de reconnaissance. Pendant la guerre de 2008, il se faufilera près des lignes russes à de nombreuses reprises, pour fournir les coordonnées des tanks ennemis à l'artillerie géorgienne. Une guerre sans faute, qui promet le jeune combattant à une brillante carrière dans l'armée de son pays. Mais le sort en décidera autrement. On lui diagnostique une tuberculose sévère en 2010 et Tarkan est démobilisé, déclaré inapte par l'armée géorgienne. Un comble d'ironie, si l'on pense qu'aujourd'hui ce stratège exceptionnel tient tête aux plus grandes puissances militaires de la planète.

Guéri après quelques mois de convalescence, Tarkan tentera de réintégrer l'armée. On lui opposera un refus catégorique, avec ce dédain qui forge les amertumes et les rancœurs les plus tenaces. Il tentera même sa chance à Birkiani, son village natal, au sein de la police municipale. Là encore, on lui claque la porte au nez. Mais la passion du combat le dévore, comme une addiction. Il entasse les armes, dans un pays où elles sont légion. Il tente de rejoindre la Tchétchénie, mais son projet échoue. Il sera arrêté, puis condamné à trois ans de prison. La Géorgie tolère l'islam sous sa forme traditionnellement modérée, le soufisme. Mais ses dirigeants ont tout loisir d'observer les ravages produits par le salafisme en Tchétchénie, de l'autre côté de la frontière. Tarkan sera interrogé, torturé et détenu dans des conditions particulièrement difficiles. Durant sa captivité, il apprendra le décès de sa mère, dont il était très proche.

« Je me suis alors fait la promesse de partir pour le jihad, si je parvenais à sortir vivant de ce trou ! » déclare-t-il en 2013, au journal de l'État islamique.

Promesse tenue : il sort au début de l'année 2012 et arrive en Syrie au mois de mars. Il prend le commandement d'une première brigade de « voyageurs », les Mouhajireen, et gagne ses lettres de noblesse durant la bataille d'Alep. En octobre, toujours dans la région d'Alep, il combat côte à côte avec Al-Qaïda et s'empare d'une base de missiles de l'armée syrienne, puis de la base Cheikh Suleymane, en décembre. Deux mois plus tard, toujours aux côtés d'Al-Qaïda, il s'empare de la base du 80e régiment, férocement défendue par les troupes du régime. En août 2013, il s'empare de la base aérienne de Menagh, tandis que sa nouvelle brigade, Mouhajireen Wal Ansar, prend de l'ampleur et participe à d'autres batailles, à travers le territoire syrien. À l'automne 2013, on retrouve sa trace dans l'organigramme secret de l'État islamique d'Irak et du Sham (l'ancêtre du califat) : il est désormais le chef des opérations militaires en Syrie…

Al-Chechani est un salafiste, mais pas un idéologue. Plutôt un fantastique stratège, capable de mener des batailles d'une audace et d'une intelligence rares. Selon Abou Maria, beaucoup le considèrent comme *le* ministre de la Guerre au sein de l'État islamique. Pour la Syrie *et* pour l'Irak. Mais sa popularité croissante inquiète Al-Bagdadi. Paranoïaque et prudent, le calife tient à ce que cette légende vivante demeure juste assez loin du pouvoir pour ne pas devenir un rival…

L'armée se subdivise en sept « groupes » possédant chacun une compétence particulière : l'infanterie, l'armée des frontières, les blindés, l'artillerie lourde, l'artillerie légère, les snipers et les forces spéciales. Chacun de ces groupes est disséminé à travers l'ensemble du territoire, pour former de petites armées autonomes et complètes au sein de chaque région, capables de frapper immédiatement en n'importe quel point du califat.

L'infanterie

L'infanterie représente le gros des troupes, avec un effectif qu'Abou Moustapha, l'ancien émir de l'État islamique, estime à plus de 30 000 hommes. Si les ordres proviennent toujours du commandement central, il explique que, sur le terrain, la structure est très éparpillée :

– L'infanterie ne représente pas une structure monolithique. Il ne s'agit pas d'un bloc mais plutôt d'un agrégat de brigades. Dans une province donnée, l'État islamique peut disposer de cinq à dix brigades autonomes. Ces brigades ont des noms, une structure interne qui peut varier du tout au tout, et des profils très différents. Certaines sont des transfuges de l'ASL ou de Jabhat Al-Nosra : elles conservent leurs hommes, leurs caractéristiques et même leurs stratégies. D'autres sont des brigades d'étrangers, souvent regroupées autour de la même langue : des Français accompagnés de Belges et d'Africains francophones, par exemple, ou encore des Britanniques accompagnés de Pakistanais et de Somaliens, comme c'est le cas autour d'Alep. D'autres brigades ont été formées de longue date par l'État islamique, en Syrie et en Irak. Bref ! Tous ces groupes évoluent de façon indépendante, jusqu'à ce qu'ils reçoivent l'ordre de se regrouper en prévision d'une bataille. À ce moment, l'émir militaire de la région prend le commandement de toutes les brigades et organise les missions de chacun. S'il s'agit d'une offensive de grande ampleur en Syrie, Abou Omar Al-Chechani viendra sur place pour coordonner l'assaut. Même chose pour Abou Kiffa, s'il s'agit de l'Irak. Par ailleurs, même si ces brigades font partie de l'infanterie, elles disposent souvent de matériel lourd, en quantité réduite. S'ils peuvent utiliser quelques mortiers ou quelques ZU-23 en plus, tant mieux ! Il faut bien comprendre que les contours de leurs structures sont moins nets que dans vos armées. Mais ça n'ôte rien à leur efficacité…

Les blindés

Les blindés, en revanche, disposent d'un commandement centralisé dans toutes les provinces. Chaque région dispose d'un certain nombre de tanks, alloués par Al-Bagdadi et le « Premier ministre » concerné, en fonction de l'importance stratégique de celle-ci et du danger auquel elle est confrontée. La qualité du matériel varie grandement : depuis les chars soviétiques de la Seconde Guerre mondiale jusqu'à l'Abrams M1 en service dans l'armée américaine. Abou Maria estime qu'aujourd'hui l'État islamique possède plus de 400 chars, presque tous en état de marche. Un chiffre corroboré par Samad, l'informateur des services américains à Gaziantep. Tous les émirs locaux reçoivent la même consigne : ces armes de première frappe doivent systématiquement être dissimulées dans les campagnes, à bonne distance les unes des autres, et n'apparaître qu'au moment de la bataille, puis retourner dans leurs introuvables cachettes afin d'être soustraites aux attaques aériennes.

La prise de Mossoul et d'un grand nombre de blindés irakiens a considérablement accru l'importance de ce département, qui devait jadis se contenter de tanks syriens vétustes ou endommagés par les combats. Mais l'organisation d'Al-Bagdadi manque cruellement d'équipages qualifiés. Selon des sources proches d'Al-Qaïda, stationnées à Mossoul (la ville n'est pas *seulement* aux mains de l'État islamique, d'autres brigades salafistes ayant participé à l'insurrection anti-américaine noyautent encore certains quartiers), les hommes du califat sous-exploitent les armes qu'ils récupèrent, par manque de formation :

– Ils se conduisent comme de vrais gosses ! Ils grimpent sur les tourelles des chars ou sur les ailes des avions. La plupart d'entre eux sont des fils de bergers venus des campagnes d'Irak ou de Syrie : ils sont incapables de manier une arme aussi sophistiquée… Leurs tankistes ne sont plus assez nombreux. Surtout pour conduire des engins aussi sophistiqués que des Abraham. Pendant la campagne irakienne, certains émirs détruisaient volontairement le matériel de pointe. Incapables de l'utiliser, ils redoutaient de subir un revers et d'abandonner ce précieux butin à l'ennemi. Aujourd'hui, les « ministères » de la Guerre forment de nouveaux équipages. Mais ça prend du temps…

L'État islamique ne peut pas encore utiliser tout son

arsenal militaire, en particulier ses chars. Une bonne nouvelle ? Pas vraiment. Cette armée contrôle déjà un territoire gigantesque et poursuit son avancée, malgré les bombardements occidentaux, alors qu'une partie de ses blindés demeure clouée sur place. Vu sous cet angle, on peut se demander ce qu'il adviendra lorsque *tous* les tanks du califat disposeront d'un équipage digne de ce nom…

L'artillerie

Les brigades d'artillerie emploient à leur tour près de 5 000 hommes. Elles suivent les mêmes consignes que celles des blindés : dissimulées et invisibles entre les batailles, depuis le début des frappes de la Coalition. Là encore, chaque région dispose de son propre arsenal : ZU-23, une mitrailleuse anti-aérienne particulièrement dévastatrice, utilisée pour des tirs à l'horizontale, canons de 155 mm, un nombre très important de mortiers « lourds » (120 mm)… En tout, des dizaines de milliers de pièces disséminées entre la Syrie et l'Irak. Un arsenal qui a de quoi faire frémir, en particulier lorsqu'il sert à appuyer les assauts de combattants fanatisés qui se précipitent sur un adversaire abruti par les obus.

– Les soldats de l'armée irakienne [après leur désertion] racontaient qu'il était impossible de se battre contre les moudjahidines, explique Anjem Choudary avec fierté. Car non seulement ils déferlent par milliers en hurlant de joie et en chantant les louanges de Dieu, comme s'ils étaient drogués [*sic*], mais en plus ils disposent d'une artillerie qui empêche l'adversaire de lever la tête et de riposter. Leurs attaques sont parfaitement coordonnées. Un mélange de courage et de professionnalisme !

Ces artilleurs possèdent également des armes très sophistiquées, rachetées auprès des brigades de l'Armée syrienne libre, notoirement corrompues et toujours enclines aux transactions les plus douteuses. En septembre 2014, le député allemand Jan Van Aken rencontrera les résistants kurdes de la ville de Kobané, assiégée par les hommes de l'État islamique. Les Kurdes, furieux, exhiberont alors un missile Milan saisi lors d'un raid contre les positions jihadistes, en demandant au député comment des armes européennes pouvaient bien se trouver entre les mains de nos ennemis.

La décision d'armer les rebelles « modérés » depuis l'année dernière, admise du bout des lèvres cet été par notre chef de l'État[1], témoigne d'une myopie politique et d'une indigence intellectuelle rares. L'État islamique doit en effet à la France le fleuron de son arsenal. Si la décision est un jour prise par les États-Unis d'envoyer des troupes au sol, c'est certainement à notre président qu'elle devra ses premières victimes, lorsqu'un missile français fera exploser le blindage d'un de leurs véhicules !

On trouve maintenant des missiles Milan à travers toute la Syrie ! En juillet 2014, les salafistes tchétchènes de Lioua Mouhajireen Wal Ansar filment leurs exploits,

1. « La France a bien livré des armes aux rebelles en Syrie », *Le Monde*, 20 août 2014.

tandis qu'ils utilisent cet engin, sur un front de l'ouest[1]. Cette brigade ultra-radicale, qui bénéficie donc indirectement des largesses de la France, fut fondée l'année dernière par Abou Omar Al-Chechani, aujourd'hui chef militaire de l'État islamique…

Les snipers

La brigade Al-Kanz forme les snipers du califat. Elle possède deux bases : la première à une trentaine de kilomètres de Raqqa, en Syrie, et l'autre, plus récente, aux environs de Mossoul, en Irak (installée au mois d'août). Les membres d'Al-Kanz sont généralement repérés, au sein d'autres brigades, pour leur aptitude au tir de précision. On y entre par invitation et aucun des combattants de l'État islamique ne peut s'y présenter de lui-même, pour « tenter sa chance ». Le processus de sélection dure entre deux et trois mois. Selon un jeune déserteur d'Al-Kanz ayant rejoint les rangs de l'ASL, il semble qu'un candidat sur deux ne passe pas le test.

– L'entraînement est difficile : on te fait tirer dans toute sorte de positions, et dans toute sorte de situations. Avec des fumigènes, pendant que l'instructeur tire des rafales de kalachnikov à côté de toi, pendant qu'on te frappe les mollets ou juste après t'avoir tiré du lit en pleine nuit. Il faut savoir estimer les distances, rester une journée entière en plein soleil avec une bouteille d'eau et tirer toutes les quinze minutes. Le type qui

1. https ://www.youtube.com/watch?v=NSTU7fecDI8&feature=youtu.be

nous entraînait s'appelait Abou Youssef Al-Maghribi, un ancien légionnaire d'origine marocaine. Je ne sais pas s'il mentait au sujet de son passé militaire, mais, en tout cas, il maîtrisait parfaitement les armes. Et il parlait très bien français…

Ces informations, Abou Moustapha les confirme dans les grandes lignes :

– Je ne connais pas les détails de l'entraînement, mais ces combattants s'engagent pour le martyre ! Alors s'il faut leur faire mal pendant les sélections, pour tester leurs capacités de concentration dans un moment de stress, ça ne pose aucun problème aux instructeurs. Ces types forment les unités d'élite du califat : ils ne font pas dans la dentelle ! En ce qui concerne l'instructeur français… Cela ne m'étonne pas. Certains de nos snipers ont été formés par les Américains, pendant la guerre d'Irak, avant de rejoindre les rangs de l'insurrection. Aujourd'hui, ils transmettent leur connaissance à d'autres combattants. Depuis le début de la révolution syrienne, beaucoup d'anciens militaires européens viennent combattre à nos côtés. Je me souviens d'un tireur d'élite allemand ou hollandais que je voyais souvent à Raqqa au début de l'année. Il formait les nouvelles recrues d'Al-Kanz, avec d'autres snipers. Nous utilisons les compétences des soldats étrangers. Quand on y pense… Les armées occidentales forment les instructeurs de nos moudjahidines ! Allah est grand ! conclut-il avec un sourire reconnaissant.

Abou Moustapha évoque le rôle fondamental de ces hommes dans les batailles de l'État islamique :

– Al-Kanz constitue un groupe très professionnel. Un emblème pour le califat ! Dès qu'une bataille s'engage, nous envoyons des dizaines de binômes en première ligne. Ils se fondent dans la campagne, le long des routes, et coupent d'abord l'approvisionnement de la ville. Ensuite, pendant les combats, ils entretiennent un climat de peur en tirant sur tous ceux qui essaient de lever la tête ! L'ennemi se sent perpétuellement en danger, ce qui réduit considérablement sa capacité d'action. Face à des adversaires qui craignent la mort, la peur devient une arme aussi efficace que les balles !

Al-Kanz compte environ 700 combattants. Une taille modeste, compensée par sa très haute valeur stratégique. Comme dans toutes les guerres, l'utilisation de snipers expérimentés permet de cibler les officiers, de bloquer une route ou de paralyser une brigade entière, en l'acculant dans un abri dont elle ne peut plus s'échapper.

Depuis la prise de Mossoul, le groupe Al-Kanz possède un matériel beaucoup plus performant. Jusqu'alors équipé du sempiternel fusil soviétique Dragunov, il dispose maintenant d'armes américaines et britanniques à très longue portée, d'une précision et d'une puissance remarquables.

Les Soldats de la frontière

L'armée de la frontière se trouve sous les ordres d'un émir turc nommé Abou Moussab Al-Turki. Cette branche n'existe que depuis le début du mois d'août 2014. Avant cela, Al-Turki a brièvement occupé la fonction de « ministre » de la Justice en Syrie, après deux ans de combats dans la région d'Alep, au sein d'une brigade de l'État islamique.

Al-Turki dispose actuellement d'environ 1 500 hommes, bien que le nombre semble en augmentation constante. Ces troupes sont officiellement chargées de « préserver » le territoire du califat. Tout naturellement, on les trouve donc le long de la frontière turque, depuis l'Irak jusqu'à la région d'Akçakalé, en direction d'Alep. Selon Abou Moustapha, d'autres « gardes » seront déployés avant la fin de l'année entre Alep et Taqbah, plus au sud, afin d'isoler le califat de la région côtière, à la fois hostile et très perméable.

Ce groupe doit remplir plusieurs missions, qui dépassent largement le cadre de ses attributions officielles. Il protège la frontière contre une éventuelle agression extérieure et veille également à la bonne marche des filières de contrebande, particulièrement profitables dans cette région. Mais les troupes d'Al-Turki servent également à empêcher les habitants de quitter le territoire. À n'importe quel prix...

– Al-Bagdadi a créé un véritable « mur de Berlin » depuis la proclamation du califat ! L'année dernière, si vous ne faisiez pas l'affaire comme soldat, on vous mettait simplement dehors ! Mais, depuis cet été, la paranoïa devient telle qu'ils refusent de laisser sortir un témoin ! *A fortiori* un Occidental, explique Abou Maria.

L'extrême brutalité de cette organisation n'épargne pas les combattants eux-mêmes, y compris les étrangers. En février 2014, dans le village de Markada, près d'Hassaka, l'émir Abou Moussab Al-Iraki ordonne un assaut contre une position kurde. Dès le début de l'offensive, les soldats comprennent qu'on les manipule puisqu'ils attaquent en réalité… une base tenue par Al-Qaïda ! La bataille s'arrête, certains protestent et refusent de combattre. L'émir fera exécuter quinze de ses propres hommes, sur-le-champ et pour l'exemple. Deux Européens figuraient parmi les morts, dont un Belge qu'on déclarera ensuite « tué au combat ».

En juin 2014, dans le village d'Al-Bukamal, d'autres soldats refusent de se battre contre les troupes de l'Armée syrienne libre. L'émir du groupe, Abou Moussab Al-Iraki, procède de la même façon et exécute sept jihadistes avant l'assaut. Quelques semaines plus tard, le bourreau se transformera en victime. Obligé de fuir l'État islamique pour avoir contesté un ordre d'Abou Omar Al-Chechani, il trouvera temporairement refuge chez Jabhat Al-Nosra, avant de tomber dans une embuscade tendue par les services de sécurité d'Al-Bagdadi.

Le 14 septembre, c'est un Koweïtien et sept de ses hommes qui seront exécutés dans la région d'Alep. Abou Omar Al-Koweiti récusait la « ligne officielle » concernant les Frères musulmans, qu'il considérait comme des apostats. Une différence de vue pourtant bien mineure, dans la mesure où ce volontaire n'était qu'un simple combattant. Mais l'État islamique fonctionne comme toutes les autres dictatures de la planète, et ne tolère aucun écart de pensée ou d'opinion. Abou Omar Al-Koweiti fut exécuté avec les hommes qui l'accompagnaient dans le village d'Al-Bab. Toute critique ou manquement à la discipline est immédiatement sanctionnée par une exécution sommaire.

Lorsqu'il s'agit d'un étranger, on le déclare seulement « mort au combat », histoire de ne pas dissuader les nouveaux arrivants !

La liste des exactions commises par le califat contre ses propres hommes est infinie. Suffisamment pour en décourager un certain nombre, qui préfèrent fuir lorsque cela semble possible. Abou Abdellah Al-Almani, un Allemand d'origine algérienne installé avec sa femme et ses quatre enfants dans la région côtière, a eu la chance de se trouver dans la province la plus poreuse et la plus aisément franchissable de Syrie. « Terrifié, inquiet pour sa sécurité et incapable de supporter davantage les exécutions massives de civils innocents », selon Abou Maria qui le connaissait bien, l'homme s'enfuit vers la Turquie avec sa famille pour échapper aux griffes de ces jihadistes qu'il qualifie désormais de « psychopathes ». Malgré les vidéos « autorisées » où l'on voit de jeunes Français rayonnants de bonheur, une kalachnikov ou une tête tranchée à la main, ceux qui possèdent encore une once de santé mentale et qui parviennent à s'échapper condamnent de façon unanime les pratiques du califat.

Un Somalien engagé au sein de l'État islamique réussira à quitter le territoire durant l'été. Toujours par Idlib : une des dernières portes de sortie pour les candidats au départ. Il combat désormais au sein de l'ASL, dans la brigade Ahrar Suriya. Abou Maria se souvient et raconte en riant :

– Il semblait terrorisé par ce qu'il venait de vivre. Pendant un mois, il s'est enfermé dans une planque, à Idlib. Il ne sortait qu'à la nuit tombée, pour acheter un peu de nourriture. Comme si Al-Bagdadi en personne le suivait à la trace !

Les déçus du califat sont nombreux, mais ils ne reviennent pas. Ces témoins gênants pourraient enrayer la fantastique machine de propagande qui présente l'État islamique comme l'Eldorado du musulman, et qui attire tant de jeunes Européens, y compris de très jeunes filles.

En réalité, les adolescentes qui partent « au jihad » se retrouvent bien loin des lignes de front. Véritables proxénètes de l'islam, les recruteurs qui opèrent sur internet ne destinent ces femmes ni à la guerre, ni à la cantine, ni aux hôpitaux. Assignées d'office à un combattant dès leur arrivée, elles deviennent des femmes de confort, sous couvert d'un mariage arrangé en quelques minutes.

Aujourd'hui, les frontières s'organisent et deviennent plus infranchissables que jamais. Si quelques déserteurs parvenaient encore à s'enfuir, le flot se tarit rapidement. Abou Maria l'a constaté dans la région d'Idlib.

– On voit moins de monde sortir, désormais. Les gardes d'Abou Moussab Al-Turki prennent position dans la région et les services de renseignement font un travail redoutable. Lorsque l'État islamique arrête un déserteur, les juges reçoivent l'ordre de le traiter comme un espion et de le crucifier : une mort particulièrement lente et douloureuse qui suffit à en dissuader plus d'un !

À l'heure actuelle, *aucun* étranger ne peut quitter le califat. Cette information me sera confirmée par toutes les sources auxquelles je poserai la question.

Anjem Choudary, à Londres, m'expliquera avec une pointe d'embarras :

– L'État islamique fonctionne à l'inverse des pays occidentaux ! Là-bas, il n'existe aucun visa d'entrée. Tous les musulmans peuvent faire leur Hijra et s'y installer. Mais il faut un « visa de sortie ». Et jusqu'à maintenant, aucun Européen n'est revenu…

Même son de cloche lorsque j'interroge Abou Moustapha, l'ancien émir de l'État islamique :

– Si tu demandes à partir, tu signes ton arrêt de mort. Tu disparais. Et crois-moi, du kidnapping à l'exécution pure et simple, en passant par la mission-suicide « obligatoire »… les moyens ne manquent pas, pour se débarrasser d'un gêneur. Et les crucifixions représentent des châtiments très dissuasifs ! D'autant que la plupart des passeurs travaillent pour les services de renseignement de l'État islamique…

Abou Moussab Al-Turki possède désormais les clés du califat. L'armée conserve la haute main sur ses activités, mais il n'en demeure pas moins très courtisé par les autres émirs, y compris ceux du renseignement et des finances. D'après Tarek, mon contact au sein du mouvement, ces deux « ministères » cherchent à s'approprier les troupes d'Al-Turki en Syrie :

– Le ministère des Finances considère que leurs activités en matière de gestion de la contrebande placent les Soldats de la frontière sous son autorité légitime, tandis que l'Amni veut s'en servir pour renforcer la lutte contre les fuyards, et disposer d'une source de financement directe, en prenant le contrôle des trafics frontaliers : les services secrets cherchent toujours à constituer des caisses noires pour leurs opérations clandestines. À travers le monde entier. Et l'État islamique n'échappe pas à cette règle.

Al-Turki se trouve à l'origine d'une tension grandissante entre ces deux « ministères », et nous touchons ici à ce que beaucoup considèrent comme le talon d'Achille du califat : les rivalités internes. Mais Al-Bagdadi entretient volontiers les divisions pour mieux régner, comme dans le cas du litige concernant les Soldats de la frontière, en se gardant bien de trancher le différend qui oppose le « ministère » des Finances à celui du Renseignement.

Des histoires comme celle-ci existent à tous les niveaux de l'État islamique. Mais la brutalité de son chef laisse présager un avenir plutôt sombre à ceux qui espèrent voir le califat rongé de l'intérieur, par ses luttes d'influence et ses querelles intestines. Rappelons que Staline n'a cessé de capitaliser sur ce même terreau jusqu'à sa mort, au pouvoir, trente ans après s'en être emparé…

Les forces spéciales

Dernier groupe militaire du califat, et pas des moindres : les forces spéciales commandées par Abou Omar Al-Chechani en personne. Elles accompagnent le chef militaire dans toutes les opérations coup-de-poing du califat. Créées en 2013, elles comptaient 600 hommes avant la prise de Mossoul. Depuis la proclamation du califat, leur effectif a presque doublé pour atteindre 1 000 hommes. Les nouvelles recrues sont des combattants aguerris venus de l'ouest irakien.

Il y a fort à parier que ces commandos issus de la même région qu'Al-Bagdadi surveillent *également* les activités d'Al-Chechani, l'étoile montante du jihadisme moyen-oriental. Le calife, en chef de meute implacable, se méfie de tous les rivaux potentiels. Et Abou Omar Al-Chechani en est un, assurément…

4

La justice

Le « ministère » de la Justice occupe une place fondamentale dans la vie des populations. Abou Mohamed Al-Ani dirige la branche irakienne. En Syrie, la justice est placée sous l'autorité d'Aboubakar Al-Khatani : ancien juge suprême de Jabhat Al-Nosra, exclu d'Al-Qaïda dès 2013 pour sa vision « trop extrême » de l'islam, ce fanatique brutal et violent trouvera immédiatement sa place dans l'organigramme d'Al-Bagdadi, où il évolue désormais comme un poisson dans l'eau, légitimant avec enthousiasme les pires exactions du régime.

Ce « ministère » de la Justice permet au califat de faire régner l'ordre sur son territoire, mais surtout de veiller à ce que son autorité ne soit *jamais* remise en question. Toute sa légitimité repose sur le Coran et la Sunna. Utilisée avec intelligence auprès d'une population musulmane qui considère l'islam comme le socle fondateur de son identité, la religion constitue le meilleur des alibis pour cette dictature d'un nouveau genre. Et le « ministère » de la Justice sert exactement à cela ! En se référant toujours au Coran, les juges « valident » les décisions du calife en les déclarant

« conformes à l'islam » : de la plus insignifiante directive de la vie quotidienne jusqu'aux exécutions de masse… Ce « ministère » fournit au pouvoir le vernis de respectabilité et de bigoterie qui le maintient en place.

Abou Moustapha, l'ancien émir de l'État islamique qui est aussi l'une des principales sources d'information de ce livre, a également étudié la Charia dans la très prestigieuse université égyptienne d'Al-Azhar. Selon lui, les juges ne sont que des faire-valoir dans cette organisation :

– Al-Bagdadi utilise l'islam pour se donner bonne figure. Dans un véritable califat, les juges constituent l'autorité suprême ! L'islam interdit de voter de nouvelles lois, puisque la Charia fournit toutes les réponses. Dès lors, les juges doivent se trouver au centre de la société. Ils doivent superviser les décisions des dirigeants, afin de vérifier qu'elles obéissent scrupuleusement à la jurisprudence islamique. Al-Bagdadi doit obéir aux juges, pas l'inverse ! Or, il les réduit au simple rang de valets, dont l'unique tâche consiste à légitimer les décisions de l'armée et du renseignement. Ce « calife » ne se place pas au service de l'islam. En réalité, il place l'islam à son service ! Voilà pourquoi je suis parti.

Selon Abou Maria, les juges appliquent des directives contraires à l'islam. Or, il me semble difficile de soupçonner mon ami, émir d'Al-Qaïda et fervent salafiste, de « mollesse » en matière de religion :

– Les punitions qu'ils infligent aux populations ne revêtent aucune légitimité en temps de guerre ! On ne peut pas amputer un voleur dans un pays où les civils cherchent leur nourriture sous les bombes ! La Charia stipule clairement que les peines habituelles ne peuvent pas être appliquées dans de telles circonstances. Tout comme les autres châtiments que l'État islamique inflige à la chaîne ! Mais les raisons profondes de cette intransigeance me paraissent très éloignées de l'islam : en réalité, il s'agit tout simplement de faire régner la terreur, pour museler la contestation et transformer les habitants en sujets dociles, craintifs et soumis...

En effet, les punitions du califat sont d'une rare violence. Au Mali, lors de la prise du Nord du pays par Al-Qaïda au Maghreb islamique (Aqmi) et les autres brigades salafistes du Sahel, on a enregistré « seulement » quelques amputations. Les jihadistes recevaient la consigne de « ne pas appliquer la Charia de façon trop brutale en ces temps de guerre, afin de ne pas s'aliéner le soutien des populations locales ». Exactement comme l'explique Abou Maria. En Syrie et en Irak, les consignes suivent une tendance inverse : il ne s'écoule pas une journée sans que les habitants du califat ne subissent les brimades des autorités.

La justice au service de la terreur

La terreur judiciaire du califat s'articule autour d'une structure très élaborée. Dans chaque ville, elle comprend des juges de plusieurs types, accompagnés d'une police islamique qui les encadre pendant les opérations de terrain. La mission de ces hommes peut se résumer ainsi : maintenir l'ordre et réprimer la contestation. Dans les deux cas, on utilise la Charia pour frapper les insoumis avec une force et une cruauté qui marqueront les esprits. La troisième mission de ces juges consiste à maquiller les exactions perpétrées par d'autres services, en particulier l'armée, en trouvant une formulation et une justification légales qui rendent leurs actes toujours « conformes à l'islam ». Drapées de tels atours, les pires atrocités peuvent être commises sans que quiconque n'ose élever la voix, comme nous le verrons plus loin.

Chaque ville possède un contingent de police islamique (Shultat Islamiya) qui ne dépend d'aucune structure centrale. Les juges en choisissent les membres, et les rémunèrent sur le budget de leur « ministère ». À Raqqa, fief de l'État islamique, Abou Moustapha estime que la police islamique compte environ 200 hommes, choisis par Tarek Al-Jibouli, la figure clé du système judiciaire dans cette région.

En plus de leur travail auprès des juges, les membres de la police islamique effectuent des rondes de surveillance la nuit et dressent des barrages aux différentes entrées de la ville. À la différence de l'armée, il s'agit presque toujours de troupes recrutées « localement », qui connaissent parfaitement les lieux et la population.

Les juges des marchés

Il existe plusieurs types de juges, présents à travers l'ensemble de l'État islamique pour assurer le quadrillage de la population. Les Qadi Hisbah, tout d'abord : littéralement, les « juges des marchés ». Leur rôle, très dissuasif, consiste à battre le pavé du matin au soir en quête de la moindre marque d'indiscipline ou d'insubordination. Tous les témoignages s'accordent pour les décrire comme fanatiques et brutaux. Abou Moustapha m'expliquera avec un certain dédain :

– Ces hommes représentent le plus bas niveau du système judiciaire. On les recrute plus pour leur sadisme ou leur volonté d'en découdre que pour leur intelligence ou leurs connaissances des lois islamiques. Dans les circonstances actuelles, avec les difficultés que rencontrent les populations syrienne et irakienne du califat, Al-Bagdadi devrait freiner leurs ardeurs. Au lieu de cela, il leur donne carte blanche et les incite à la fermeté. Dans la plupart des cas, ces hommes ne demandent pas mieux que de faire régner la terreur. Donc, ils redoublent d'efforts et se conforment méticuleusement aux ordres qu'ils reçoivent...

À la différence des autres juges, le Qadi Hisbah applique les punitions « sur place ». Pas de procès, pas d'arrestation. Juste une forme plus ou moins dure de châtiment corporel. Un homme qui chante peut simplement être rappelé à l'ordre. Une femme partiellement voilée peut recevoir quelques coups de fouet pour accompagner la mise en garde. Une altercation ou un incident se règle de façon plus brutale. Souvent avec des dizaines de coups, administrés sur une place ou sur le lieu de l'infraction. À Raqqa, on a rapporté l'histoire d'un homme qui fuyait devant le juge, après qu'un voisin l'eut accusé de manger pendant le Ramadan. Le Qadi et les membres de la police islamique ouvrirent le feu et exécutèrent le contrevenant en pleine rue. D'après les vendeurs d'une échoppe voisine, il aurait mangé une pomme derrière le comptoir de sa boutique...

Véritables supplétifs de cette dictature déguisée en

royaume de droit divin, les juges des marchés se trouvent aux avant-postes de la répression. Sous couvert d'une application sans faille de la Charia, leur travail consiste en réalité à maintenir une tension permanente au sein de la population. Suffisamment pour effrayer leurs concitoyens et couper court à toute forme d'indiscipline, mais pas assez pour provoquer une rébellion ouverte. En effet, comment se soulever contre des lois, même brutales, si les plus hautes autorités du pays vous expliquent qu'elles reflètent l'islam originel… ?

Les juges des marchés semblent promis à un bel avenir au sein de l'État islamique. Le nombre des Qadi Hisbah augmente sans cesse. À Mossoul, plus d'une trentaine était en place au début du mois d'octobre 2014. À travers tout le califat, le maillage devient plus dense : les imams de l'État islamique forment de nouveaux juges des marchés durant des sessions de quinze jours, à temps partiel. Beaucoup de membres de la police islamique sont également promus à ce poste, qui ne demande presque aucune qualification. Al-Bagdadi semble bien comprendre le rôle essentiel de ces grouillots de la Charia, qui renforcent si efficacement les bases de son arsenal répressif…

Les juges des affaires générales

La deuxième catégorie de juges s'éloigne du profil de la brute épaisse : les Qadi'Am, ou « juges des affaires générales », possèdent une véritable instruction et ont une connaissance assez approfondie de la Charia. Ils ne patrouillent pas dans les rues, ne frappent pas les prévenus, mais décident en revanche de l'application de peines plus lourdes. Et malgré leur érudition, ce sont ces hommes qui avalisent l'ensemble des crimes de l'État islamique, où qu'ils se trouvent. Leur travail se scinde en deux directions bien distinctes. Tout d'abord, ils punissent les délits graves, sur lesquels le juge des marchés n'a pas autorité. En cas de vol ou de meurtre, par exemple, le juge des affaires générales décide de la sentence, toujours en appliquant la peine prévue par la Charia, sans chercher si la jurisprudence islamique permet des aménagements.

Hassan est un Syrien de 23 ans, aujourd'hui réfugié en Turquie. Originaire d'Al-Muhassan, ce jeune garçon, plus chétif qu'une brindille, fixe la table du kebab en tortillant un cure-dent, tandis qu'il me raconte son histoire. Durant le périple qui l'a finalement conduit en Turquie, il a séjourné environ deux semaines à Raqqa. Il affirme avoir lui-même assisté à neuf exécutions durant ce laps de temps.

– Il y en a peut-être eu d'autres, mais, celles-là, je suis allé les voir, déclare-t-il en haussant les épaules, visiblement plus préoccupé par son sandwich que par le souvenir de ces événements.

D'après ce qu'il m'explique, les sept personnes en question étaient des civils. Une femme et huit hommes.

La première victime, une femme lapidée près des berges de l'Euphrate, a été reconnue coupable d'adultère. En réalité, d'après les explications d'Hassan, il semble qu'elle ait été victime d'un viol. Son assaillant, lapidé également, aurait pu s'en tirer avec quelques coups de fouet s'il n'avait pas été marié lui aussi. Quatre autres personnes furent décapitées pour « meurtre », et trois autres crucifiés, pour « menées subversives à l'encontre du califat ».

Les crucifixions constituent désormais une pratique courante. Presque banale. Beaucoup de musulmans et de commentateurs occidentaux s'insurgent contre ces méthodes qu'ils qualifient de « contraires à l'islam ». Mais, aujourd'hui, les propagandes de tout bord nous noient sous des océans de mensonges. Si Al-Bagdadi instrumentalise bel et bien l'islam pour renforcer son pouvoir, les tenants du politiquement correct européen cherchent en permanence à adoucir une religion qui, fondamentalement, au moins pour les salafistes, s'articule autour de la conquête et de la suprématie. Refuser de voir l'islam, dans sa forme originelle, comme une idéologie violente et dominatrice, constitue un déni de réalité particulièrement dangereux pour nos nations. Et aussi particulièrement stupide, dans la mesure où il sert les intérêts des musulmans les plus extrêmes...

Au sujet des crucifixions, Abou Maria m'expliquera qu'il s'agit d'une peine « parfaitement en règle avec l'islam ». Sourate 5, dite de la table servie, verset 33. Son application est méthodiquement définie. On réserve ce châtiment aux bandes de pillards, ainsi qu'à tous ceux qui portent atteinte à la sécurité de l'État. Lorsque je lui relate ma conversation avec le jeune garçon, il m'explique son point de vue avec plus de nuances :

– L'État islamique ne doit pas appliquer ces peines dans un pays ravagé par la guerre ! Mais d'un point de vue général, les châtiments que tu décris ne dérogent absolument pas aux principes de la Charia. En revanche, tu peux voir que le nombre de crucifixions explose ! Parce que l'accusation d'« atteinte à la stabilité de l'État » s'utilise désormais à tout bout de champ. L'État islamique cherche à se prémunir contre toute forme de contestation. L'Amni travaille à plein temps sur ces dossiers. Les « comploteurs » passent devant la justice, mais cela ne représente qu'une simple formalité. Après leur arrestation, ils sont copieusement torturés pendant quelques jours, puis déposés dans le bureau du juge comme un paquet de linge sale ! Le nombre de crucifixions reflète avec précision la politique interne du califat : exclusivement fondée sur la terreur et la paranoïa.

Le juge des affaires générales se borne à appliquer les peines les plus dures et à liquider tous les suspects que les services de renseignement conduisent à sa porte. Mais il doit également « ordonner » les massacres de populations civiles considérées comme non-musulmanes, ou des soldats capturés sur les lignes de front. Dans la mesure où ces hommes, ces femmes et ces enfants sont toujours exécutés sur-le-champ, et qu'un jugement tombé *a posteriori* aurait de quoi paraître ridicule, on préfère entériner les sentences *avant la bataille*.

Des juges pour légaliser les massacres…

Abou Ismaïl est un ancien soldat de l'État islamique qui combat désormais à Alep au sein de l'Armée syrienne libre. Il m'explique que, dans la ville de Raqqa, le principal juge du califat, Tarek Al-Jibouli, intervient régulièrement au sein des camps militaires pour expliquer aux nouvelles recrues ce que les autres guerriers savent déjà. Abou Ismaïl a assisté à ces « cours » et m'en rapporte le contenu :

– Au sujet des chiites, cette branche de l'islam qui considère que le descendant légitime du prophète était son cousin Ali, et non les quatre califes qui l'ont précédé, la position d'Al-Bagdadi ne revêt aucune ambiguïté. L'État islamique s'appuie sur certains éléments de la Charia pour les transformer en outils de propagande dévastateurs. Voici le résumé de ce que les jeunes combattants de Raqqa entendent de la bouche des autorités islamiques : les chiites sont des musulmans qui tournent volontairement le dos à l'islam [sunnite]. Des apostats, donc. Or, l'apostasie constitue le pire crime dont un musulman peut se rendre coupable. Il ne mérite qu'un seul et unique châtiment, la mort. Par conséquent, tous les chiites rencontrés sur le champ de bataille, ou même en temps de paix, doivent être exécutés non pas pour ce qu'ils *font*, mais pour ce qu'ils *sont*. On poursuit un soldat de Bachar Al-Assad pour ses actes, même s'il s'agit d'un sunnite ! On poursuit un chiite parce qu'il trahit la Parole de Dieu et du Prophète.

Il n'est pas seulement permis de mettre à sac un village chiite, de le piller entièrement et de pourchasser ses habitants pour les massacrer jusqu'au dernier : il s'agit d'une obligation pour tous les musulmans, qui agissent ainsi en plein accord avec la Charia…

Nul besoin d'ajouter que les soldats des armées irakiennes et syriennes, majoritairement chiites et combattant les jihadistes, ne connaissent pas un sort plus enviable…

– L'État islamique se laisse littéralement emporter

par sa folie ! Pour eux, tous les chiites doivent mourir, explique Abou Maria, qui ajoute : Al-Qaïda ne raisonne pas de la même façon ! Il existe beaucoup de villages chiites ou alaouites qui vivent tout à fait normalement dans les régions que je commande, autour d'Idlib et de Lattaquié.

– Lesquels ?

– Deir ez-Zor, Louknei, Adar, Ikdin... Nous assurons leur sécurité. Tant qu'ils ne collaborent pas avec les troupes de Bachar Al-Assad, ils ne risquent absolument rien de notre part. Nous pouvons cohabiter ! Mais l'État islamique veut *tous* les tuer...

Concernant les autres rebelles syriens, l'argumentation développée par les idéologues de l'EI diffère sensiblement. Les hommes de l'Armée syrienne libre, sunnites comme leurs frères de l'État islamique, peuvent faire le choix de rallier les rangs du califat en prononçant leur serment d'allégeance. Ils doivent alors abandonner leurs anciens frères d'armes, qui prônent des idées aussi aberrantes que la liberté, la coexistence pacifique avec les chiites et les chrétiens, et même parfois la démocratie ou l'égalité homme-femme. Bien sûr, ce discours sert en grande partie à flatter les Occidentaux pour obtenir leurs armes et leurs subsides, déclarent les juges de l'État islamique (avec raison !), mais il n'empêche qu'aucune alliance ne peut être envisagée avec ces groupes. Seulement des ralliements individuels de soldats égarés qui reviennent « dans le droit chemin de l'islam ».

Si les combattants de l'ASL refusent de se joindre à l'État islamique et retournent leurs armes contre ce dernier, il convient de les frapper avec la même férocité que les soldats de Bachar. Plus férocement encore, dans la mesure où ces traîtres enfreignent la règle de la dissociation, « Al Walla'a wa Al Bara » [« l'alliance et le désavœu »], qui interdit à un musulman de s'allier avec des infidèles pour frapper ses propres frères. Là encore, il s'agit d'une forme d'apostasie très grave qui requiert la peine de mort. Sans appel.

Au terme de cet exposé très bref, les choses deviennent limpides pour les nouvelles recrues. Elles reçoivent un permis de tuer « en accord avec l'islam », valable sur tous les ennemis qu'ils croiseront. Ce sont les juges du califat qui élaborent ces discours visant à légitimer les meurtres, les pillages, les flots de réfugiés qui s'enfuient devant les jihadistes pour échapper à ce génocide absurde... Toujours en se référant à la Charia et au Coran !

Durant mon enquête, j'obtiendrai des informations assez contradictoires sur le sort des Yazidis, qu'on disait systématiquement massacrés par les soldats du califat. Samad, l'informateur des Américains à Gaziantep, dit :

– Il n'existe aujourd'hui aucune donnée vérifiable qui permette de parler de massacre concernant les Yazidis, à l'inverse des chiites. On dénombre environ 70 000 réfugiés de cette origine qui fuient les zones contrôlées par l'État islamique. Mais rien ne permet d'affirmer qu'ils sont systématiquement massacrés par les jihadistes.

Même réponse de la part d'Ismaïl, l'ancien combattant de l'État islamique : les juges de Raqqa ne considèrent pas les Yazidis comme des musulmans. Une chance pour eux, dans la mesure où ce distinguo leur évite d'être traités comme des apostats, et exécutés comme tels. Il faut donc « proposer » aux Yazidis, tout comme aux chrétiens, de se convertir à l'islam ou de s'acquitter d'une taxe, fixée par l'émir présent sur place.

Pour Tarek, qui connaît bien les populations du nord de l'Irak et les méthodes de l'État islamique, tout cela ne change pas grand-chose à l'affaire.

– La dîme ne sera pas prélevée tranquillement, au prorata de leurs gains et des besoins du califat. Lorsque les soldats prennent un village ennemi, habité par une minorité qui n'adhère pas à l'islam sunnite, le pillage devient systématique. On dépossède les Yazidis de tout ! Les femmes sont vendues comme esclaves ou, si elles se convertissent, mariées au premier jihadiste qui en exprime le désir. Les hommes refusent généralement de se convertir et terminent dans une fosse commune. Ceux qui acceptent survivent, mais on les regroupe dans des immeubles désaffectés, avec l'interdiction de sortir.

Les faits semblent corroborer la triste version de Tarek, et non celle de mon informateur de Gaziantep. Le 15 août dernier, l'État islamique entre à Kojo, dans le nord de l'Irak. Devant le Conseil des sages, vaincu, les jihadistes intiment l'ordre aux villageois yazidis de se convertir. Les anciens refusent catégoriquement. Les hommes se retrouvent alors embarqués dans des camions, sous prétexte d'un transfert, et abattus en cours de route : 80 morts. Une centaine de femmes disparaissent, vendues comme esclaves.

Tarek me signale qu'une bonne centaine de Yazidis ayant accepté la conversion se trouvent désormais confinés autour des champs pétroliers d'Al-Omar, près de Deir ez-Zor, dans les bâtiments administratifs. Selon lui, on trouve plusieurs autres camps semblables à travers le califat. Toujours sous haute surveillance de l'armée.

– Personne ne croit à leur conversion. Ils haïssent les sunnites et se retourneront contre nous à la première occasion. Voilà pourquoi l'EI les garde prisonniers, explique Tarek.

Face à cette horde d'envahisseurs sanguinaires, les Yazidis peuvent survivre en reniant leur foi et leur dignité. En échange d'une soumission totale, ils échappent à la mort. Une alternative dont les chiites ne disposent même pas…

Le juge des plaintes

Il existe un troisième type de juge au sein de l'État islamique : le Qadi Makdalem, ou « juge des plaintes ». Son rôle ? Recueillir les doléances de la population… Contre le califat et ses représentants ! Le Qadi Makdalem agit comme une soupape de sécurité pour évacuer le trop-plein de mécontentement populaire, lorsque la répression ne suffit pas.

Mis à part le calife et les hautes figures de l'État islamique, qui échappent évidemment aux poursuites, le tribunal fonctionne et permet de renforcer le capital de sympathie des populations à peu de frais. Du moins, à première vue…

Un jihadiste tunisien fut par exemple lapidé au mois d'août pour le viol d'une Syrienne dans la région d'Hassaka. Au moment de l'affaire, le Qadi Makdalem transmit rapidement le dossier au juge des affaires générales, qui exécuta la sentence dans les jours suivants.

Aucun passe-droit ne fut demandé pour le combattant étranger, ni par ses chefs, ni par ses frères d'armes, qui se plièrent de bonne grâce à la peine prévue par la Charia.

Mais ce juge des plaintes remplit une autre fonction, beaucoup moins avouable, qui réduit considérablement son crédit auprès des habitants. Chaque plaignant est immédiatement signalé aux services de renseignement, qui préfèrent ratisser large et procèdent généralement à l'arrestation de la victime. Une mesure « préventive » qui permet de faire un exemple et qui montre à quel point toute velléité de contestation peut s'avérer dangereuse…

Âgé de 25 ans, Hatim vient du village d'Al-Mayadin, près de Raqqa. Nous nous rencontrons à Akçakale, au mois de septembre : un petit village arabe coincé en territoire turc, à quelques dizaines de mètres des positions de l'État islamique. Sale et lugubre, le bourg fait face à la Syrie, entièrement contrôlée par les hommes d'Al-Bagdadi à cet endroit. La route qui traverse la frontière, fermée, descend presque en droite ligne en direction de Raqqa, le fief de cette organisation depuis près de deux ans. Hatim vivait dans cette région jusqu'au mois d'août 2014. Il a eu affaire au juge des plaintes, et en garde un souvenir pour le moins amer.

– Mon frère combat avec l'Armée syrienne libre près d'Alep. Souvent contre les troupes de l'État islamique. Il est entré dans la résistance pour lutter contre Bachar, mais les choses changent. Aujourd'hui, la Syrie doit faire face à plusieurs ennemis. Et le plus dangereux d'entre tous prétend se battre à nos côtés ! Al-Bagdadi ment *sur tout* ! Je me demande même s'il croit en Dieu. Soit il est complètement fou, soit il s'agit d'un effroyable manipulateur ! Ou peut-être les deux à la fois ! se ravise le jeune homme, en observant sa tasse de café d'un air pensif. Lors d'un contrôle d'identité sur la route 6, un des soldats a déclaré connaître mon frère. En apprenant qu'il faisait partie de l'ASL, les autres sont devenus enragés. Plusieurs de leurs camarades étaient tombés sous le feu de ces rebelles, disaient-ils. Peut-être sous le feu *de mon propre frère* ! Les coups ont commencé à pleuvoir et mon père a essayé d'intervenir. J'ignore ce qu'il s'est passé, mais l'un d'entre eux a tiré. Trois coups. Et mon père s'est écroulé, touché au ventre et à la jambe. Les soldats ont arrêté de me frapper et m'ont ordonné de le conduire à l'hôpital. Ils ne semblaient pas particulièrement gênés par ce qui venait d'arriver. Mon père est mort quelques minutes plus tard, alors que nous étions encore très loin de la ville.

Hatim prend une longue inspiration avant de poursuivre son histoire, la mâchoire serrée :

– Je voulais retrouver tous ces hommes et les tuer un par un. Mais mon meilleur ami m'en a dissuadé, en me conseillant de faire appel au juge des plaintes. Sans enthousiasme, je me suis rendu au tribunal pour expliquer la situation. Il s'agissait d'un meurtre : je voulais qu'on applique la loi, rien d'autre. Qu'on me rende justice. Je voulais les voir morts…

Il baisse les yeux en secouant la tête, puis allume une cigarette pour se donner un peu de contenance. Les souvenirs semblent encore frais dans sa mémoire. J'attends qu'il reprenne la parole en observant les petits mendiants syriens qui arpentent les rues pour vendre des boîtes de Kleenex aux automobilistes, en échange de quelques pièces.

– Le juge des plaintes a refusé de s'occuper seul de cette affaire. Devant la gravité des faits, il m'a conduit chez un autre juge, probablement son supérieur, qui s'est présenté sous son nom de guerre : Abou Jallal. Un homme d'une quarantaine d'années, longue barbe et pistolet américain dans un holster attaché à la cuisse. Il m'a écouté silencieusement pendant plusieurs minutes, mais je sentais que son opinion ne varierait pas d'un pouce ! Quoi que je puisse dire, il me donnerait tort. Je le savais. Je le sentais ! Après mon explication, il a demandé seulement : « Tu te dis bon musulman, et pourtant tu viens calomnier les glorieux moudjahidines de l'islam ? Alors que tu ne combats même pas sous la bannière du jihad ? Tu n'es qu'un chien ! » Avant que je puisse répondre, les types de la police islamique m'ont sorti de la pièce pour me jeter dans une cellule. J'ignorais complètement ce qui allait m'arriver. Je pensais à mon père, dont je ne pouvais même pas organiser les funérailles. Et je me demandais si j'allais moi aussi devenir un de ces disparus, si nombreux depuis l'arrivée de l'État islamique dans cette ville...

À Raqqa, en 2013, on comptait plus de 600 enlèvements. Il y eut moins de 40 libérations jusqu'à aujourd'hui. À Deir ez-Zor, cette année, 1 500 personnes se sont volatilisées. Et les disparitions se poursuivent...

– Je venais de franchir la ligne rouge, me suis-je dit alors. Cette ligne invisible qui vous condamne à mort, comme dans toutes les dictatures, avant même que vous ne preniez conscience de votre erreur...

Tandis qu'ils venaient me chercher, dans ma cellule, je commençais déjà à me faire à cette idée. J'allais mourir. Avec un peu de chance, j'éviterais le supplice d'un long et douloureux interrogatoire. Mais, en toute franchise, à cet instant, rien ne m'importait. Peut-être parce que la mort de mon père occultait le stress et me faisait oublier tout le reste… On m'a fait grimper dans une voiture avec deux hommes qui ne parlaient pas. Après une quinzaine de minutes, nous sommes arrivés devant une villa, le long du fleuve. Il s'agissait d'une planque, avec des vieux canapés, des matelas posés dans le salon, et une télévision branchée sur Al-Jazeera. Dans la pièce, un homme d'une trentaine d'années engloutissait un sandwich : d'un geste de la tête, il a désigné le fauteuil. Je ne le connaissais pas, mais je savais déjà qu'il s'agissait de l'Amni : les services de renseignement. En Syrie, il existe un proverbe à leur sujet : « L'Amni, c'est comme une balle. Quand tu la vois, il est déjà trop tard… » Le type était plutôt petit et rondouillard. La peau claire, il portait une longue barbe clairsemée et une djellaba vert olive. On voyait tout de suite qu'il ne s'agissait pas d'un combattant. Il ne portait pas d'arme. Les autres, si. Tout en terminant son sandwich, il a commencé à m'expliquer la situation, sur un ton parfaitement détaché : « Tu portes plainte contre nous alors que nos services te surveillent depuis longtemps ! Nous considérons déjà ton frère comme un traître et, maintenant, voilà que tu te bats avec des soldats ! Et que tu demandes réparation au juge ! Pas la peine de répondre, ta version ne m'intéresse pas. Je te laisse le choix. On te ramène à la prison pour te crucifier demain à la première heure, ou bien tu pars dès ce soir pour rejoindre ton frère et t'engager à ses côtés, dans l'ASL. Pour nous. Lorsqu'on prendra à nouveau contact avec toi, tu nous diras ce que nous voulons savoir. Et tu feras ce qu'on te demandera. Au cas où tu voudrais t'enfuir, n'oublie pas que ta mère et ta sœur vivent toujours ici. Elles paieraient à ta place. Ta mère finirait ses jours au fond d'un cachot sans plus jamais voir le jour, et je ferais vendre ta sœur comme esclave à un proxénète turc de la frontière. Tous les jours, elle priera pour mourir, mais ils ne la laisseront pas faire. Tu choisis quoi ? »

Hatim écrase sa cigarette à moitié fumée pour en rallumer une autre immédiatement. Ses mains tremblent :

– Tout allait tellement vite que je me sentais incapable de réfléchir. Pour sauver ma vie, j'optais instinctivement pour la deuxième solution. Le type a simplement hoché la tête en désignant la porte : « Dégage ! » a-t-il déclaré sans m'accorder un regard. Les autres m'ont poussé à l'extérieur en me disant de rentrer à pied. Voilà où tu termines, lorsque tu te hasardes à croire la belle propagande de l'État islamique. Voilà leur justice… *Wa'lah*, je voudrais qu'on me donne ce chien d'Al-Bagdadi pour que je puisse lui ouvrir la gorge moi-même ! gronde le jeune garçon, plus désespéré que furieux.

La suite de cette histoire, ce sera à Hatim de l'écrire. Obligé de trahir son frère ou de risquer la vie du reste de sa famille, il cherche désormais à organiser la fuite de sa mère et de sa sœur vers la Turquie. Quelques centaines de kilomètres à vol d'oiseau, mais une distance presque infranchissable avec les nouveaux contrôles d'Abou Moussab Al-Turki, particulièrement efficaces dans cette région. De tout cœur, je lui souhaite de réussir.

On le voit, le système judiciaire du califat est une structure efficace, capable de maintenir l'ordre et de faire respecter la loi. Trois sortes de juges gèrent absolument tous les aspects du quotidien, à l'aide d'une police islamique pieuse et dévouée. Sur le papier, tout semble parfait. Mais derrière ce masque de bigoterie et d'équité, où chaque décision se fonde aveuglément sur la Charia, une autre réalité se dessine : celle d'un instrument répressif aussi féroce avec ses sujets qu'il est docile avec ses maîtres. Un organe capable de décourager la contestation et d'entériner les campagnes d'extermination les plus abjectes, au nom d'une « guerre sainte »… qui n'en possède décidément que le nom !

5

Le renseignement

L'Amni

Les services de renseignement (aussi appelés « services de sécurité ») gèrent toutes les campagnes de terreur et d'intimidation qui garantissent la docilité du plus grand nombre. Vivre au sein de l'État islamique, c'est se taire en espérant que rien n'arrivera. C'est surenchérir dans le fanatisme en espérant que, ainsi, la police frappera à la porte du voisin plutôt qu'à la vôtre. C'est dénoncer ou critiquer ses concitoyens pour des délits imaginaires, dans l'espoir qu'on vous classe définitivement parmi les « bons » musulmans. C'est soutenir et encourager sans retenue les décisions ou les actes du califat, si barbares soient-ils, pour entrer dans les bonnes grâces d'un système qui, pourtant, ne sert qu'à broyer ceux qu'il administre.

Si la vie se résume désormais à ces actes fourbes et insensés, c'est grâce au travail permanent de l'Amni, à tous les échelons de la société. Ce chapitre se fonde en grande partie sur les témoignages et les confidences d'Abou Moustapha, le transfuge de l'État islamique aujourd'hui dans les rangs d'Al-Qaïda. Abou Moustapha était un proche d'Haji Bakar, lui-même ami personnel d'Al-Bagdadi et ancien « Premier ministre » en charge de la Syrie, jusqu'à son assassinat en février 2014. Il possède donc une expertise inestimable pour nous parler de cette organisation sur laquelle personne ne sait rien.

En Irak, l'Amni se trouve sous les ordres d'un homme nommé Abou Ali[1]. En Syrie, depuis la mort de son chef[2] en septembre, il semble que le « Premier ministre » Al-Anbari assure temporairement la direction de ce service. Selon Abou Moustapha, « Al-Bagdadi ne trouve aucune personne de confiance à placer aux commandes de cette machine redoutable ».

Les missions de l'Amni

L'Amni doit protéger le califat contre ses ennemis de l'intérieur, réels ou supposés. Mais elle participe également à son expansion, en infiltrant les villes et les régions tenues par ses adversaires, avant que l'armée ne les envahisse.

En ce qui concerne la « sécurité intérieure », Abou Moustapha résume ainsi la stratégie de ces services particulièrement redoutés :

– L'Amni cherche à détruire la menace *avant* qu'elle apparaisse. Pour cela, elle utilise une méthode très simple : à travers tout le califat, elle pose des

1. Il s'agit d'un nom de guerre. Sa véritable identité serait Abou Ahmed Al-Alouani.
2. Abou Obeidi Al-Maghribi.

pièges. De véritables souricières qui appâtent les détracteurs du régime pour les inciter à passer à l'action.

En mars 2014, l'Amni crée un réseau de faux activistes en utilisant plusieurs de ses agents sur le territoire turc. Ceux-ci mettent en place une organisation clandestine à Gaziantep, nommée les « Fils du Sham ». Leur objectif ? Alerter l'opinion publique internationale sur les exactions commises par l'État islamique dans les régions qu'elle contrôle. L'organisation n'existe pas, bien sûr. Mais, de l'extérieur, son « profil » a de quoi convaincre : de jeunes Syriens, musulmans, enclins au dialogue avec les autres factions rebelles, qui souhaitent une grande réunion fraternelle des différentes armées sunnites luttant contre Bachar Al-Assad en Syrie. En excluant l'État islamique, que les Fils du Sham considèrent comme ingérable au vu de son extrémisme religieux...

Pendant quatre mois, l'organisation infiltrera des agents à Alep, Raqqa, mais également Deir ez-Zor et Hassaka. Une trentaine d'hommes travaillent sans relâche pour collecter des renseignements à charge sur l'organisation d'Al-Bagdadi. Ils établissent des contacts dans chaque ville de l'État islamique, tissent un réseau d'informateurs secret et approchent un grand nombre de sympathisants. Au mois de mai, la mystérieuse organisation, qui loue une grande maison dans la périphérie de Gaziantep, en Turquie, possède plus d'une centaine de membres. Des activistes qui résident à l'intérieur du califat et qui veulent par-dessus tout voir la chute de ce régime abject. Aucun d'entre eux ne se doute qu'ils viennent de se livrer pieds et poings liés à leur plus terrible adversaire. La souricière a parfaitement fonctionné. Lorsque le piège se referme, entre le 20 et le 25 mai, il est déjà trop tard. Tous ces hommes sont arrêtés en moins d'une semaine, souvent avec leurs familles. Certains sont exécutés ou crucifiés. Les autres ne réapparaîtront plus jamais…

En Irak, dans la ville de Mossoul, des opérations de ce type sont conduites en permanence. Des hommes qui se présentent comme des « fixers », les assistants des journalistes occidentaux, contactent les habitants pour leur demander de fournir des informations, même mineures, sur la vie quotidienne au sein du califat. Moyennant, bien sûr, des rémunérations immédiates et toujours très alléchantes… Ceux qui acceptent sont immédiatement éliminés.

À Diyarbakir, au Kurdistan turc, un pseudo-agent de la CIA recrute le gérant d'une compagnie de transports irakienne. Il lui remet 50 000 dollars en lui promettant la même somme tous les mois, contre des renseignements sur l'État islamique. Le manège dure jusqu'à la mi-septembre, et les rendez-vous s'avèrent particulièrement intéressants. En réalité, « l'agent » n'appartient pas à la CIA, mais à l'Amni. Au fur et à mesure que son informateur encaisse ses dollars, le piège se referme lentement sur lui. L'homme sera finalement arrêté avec toute sa famille, en même temps que dix-sept autres personnes soupçonnées de lui avoir fourni des informations. Là encore, les juges procèdent à quelques exécutions, mais la plupart des prisonniers se volatilisent pour toujours.

– Avec ces traquenards, explique Abou Moustapha,

l'Amni gagne sur tous les tableaux : pour le monde extérieur, l'État islamique représente un véritable trou noir. Impossible de mettre en place un réseau d'informateurs ! Toute tentative de recrutement se heurte désormais à un mur de méfiance et de paranoïa. Imaginez un Syrien ou un Irakien à qui l'on fait ce genre de proposition : comment peut-il savoir s'il s'agit bien de la CIA... Ou, au contraire, de l'Amni ? Cette stratégie de terreur et le double jeu permanent qui l'accompagne suffisent à dissuader les plus téméraires !

Mais l'Amni ne se contente pas d'adopter une position défensive : elle passe à l'attaque en diffusant constamment de faux renseignements. Elle organise des campagnes de désinformation particulièrement efficaces. Avec ses très nombreux agents basés en Turquie, mais également en Irak, elle crée des réseaux d'informateurs employés par les Occidentaux, rémunérés, qui travaillent en réalité pour le compte de l'Amni ! L'attaque du « camp Oussama Ben Laden » illustre à merveille l'efficacité de cette stratégie...

L'attaque du « camp Oussama Ben Laden »

Cet épisode, sur lequel peu de chose a filtré, représente sans doute à ce jour la plus grande défaite du renseignement occidental contre l'État islamique et, par voie de conséquence, la plus grande victoire de l'Amni.

Cette opération, on la doit à Abou Moussab Al-Alwas. Émir de l'Amni pour la région de Raqqa depuis mai 2013, Al-Alwas fait partie des proches d'Al-Bagdadi. Certains le décrivent comme « intouchable », à cause des lourds secrets qu'il détient sur le califat, et peut-être sur le calife lui-même. Des informations sensibles, qui semblent assurer son immunité pleine et entière !

Au mois de mars 2014, il commet l'impensable : il crée sa propre brigade, Ansar Al-Charia, malgré son allégeance au calife ! Il opère alors en toute indépendance dans les fiefs de l'État islamique, jusqu'à ce que les demandes amicales d'Al-Bagdadi finissent par le convaincre de réintégrer l'État islamique.

– Il aurait dû être exécuté sur-le-champ, commente Abou Moustapha. Cet homme doit vraiment savoir des choses qu'Al-Bagdadi tient à garder secrètes, pour oser ce genre d'affront et en sortir indemne !

Situé à quelques kilomètres de Raqqa, le « camp Oussama Ben Laden » n'est rien d'autre qu'une base militaire tout à fait anodine. Elle contient un dépôt de munitions et des bâtiments transformés en dortoirs près d'une ancienne raffinerie, plusieurs fois bombardée par l'aviation de Bachar Al-Assad. Ce camp sert principalement à la formation des nouvelles recrues. Il abritait également du matériel lourd, notamment quelques tanks T-55 hors d'âge, ainsi que des versions T-62 et même T-72 plus modernes. Bien sûr, depuis le début des frappes aériennes, ce dépôt a été soigneusement vidé. Malgré son nom, il s'agit ni plus ni moins d'un terrain vague entouré de bâtiments vétustes et en partie détruits.

Mais l'Amni contrôle une grande partie des informateurs dont l'Occident dispose en Turquie : des individus capables de traverser la frontière ou d'obtenir des renseignements auprès de leurs contacts établis en Syrie et en Irak, grâce à des téléphones cryptés, introduits clandestinement par la CIA. Un maillage complexe qui pourrait s'avérer précieux, s'il n'était pas noyauté d'un bout à l'autre par les hommes de l'Amni…

Comme des pirates informatiques s'introduisant dans l'ordinateur de leur victime, les services de renseignement du califat inondent bientôt la CIA de fausses informations sur le « camp Oussama Ben Laden ». Depuis le printemps, les éléments convergent et concordent : la plupart des sources pointent ce camp comme le lieu de détention des otages américains et britanniques. Mais également comme une base stratégique inestimable qui abriterait parfois le chef suprême du mouvement, murmurent les indics dans les cafés de Gaziantep, aux agents de la CIA tout frissonnants d'extase !

Le mensonge semble corroboré par tellement d'informateurs qu'il devient difficile de ne pas y croire. Du coup, au début du mois de juillet 2014, les États-Unis engagent secrètement deux unités des forces spéciales dans un assaut contre ce mystérieux camp.

Mais l'État islamique les attend : l'Amni a coordonné cette opération avec les chefs militaires de Raqqa. S'ils ignorent la date précise de l'intervention américaine, tout porte à croire qu'elle se déroulera bientôt. Depuis le mois précédent, tous se tiennent prêts à recevoir les soldats américains. Des mitrailleuses sont dissimulées sur la zone et les combattants se relaient pour attendre patiemment le moment de l'attaque. Une cinquantaine d'hommes se cachent dans le périmètre de la base, avec des renforts très conséquents dans les fermes alentour, pour pallier le risque d'un assaut de plus grande ampleur.

De façon tristement prévisible, les Américains tenteront de recommencer trait pour trait le raid mené contre la résidence de Ben Laden au Pakistan. Mais cette fois, le succès ne sera pas au rendez-vous. Juste après une série de bombardements contre des installations vides, deux hélicoptères Black Hawk, modifiés pour voler de façon presque silencieuse, larguent des unités de Navy SEAL sur le site. L'embuscade dégénère rapidement en fiasco. À peine posés à terre, les hélicoptères et les commandos sont aussitôt pris sous un feu nourri et parfaitement coordonné. Réalisant qu'ils viennent de tomber dans un piège, ils se replient. Officiellement sans dégâts, mis à part un blessé.

– Je doute que le véritable bilan soit si léger, me déclare Hussam Al-Marie, le porte-parole de l'ASL, lorsque nous évoquerons cet incident quelques jours plus tard…

– L'État islamique ne fait pas que se défendre, explique Abou Moustapha. Il peut manipuler l'Amérique et l'attirer dans des pièges comme celui-ci ! L'Amni contrôle tous les relais employés par les services de renseignement occidentaux le long de la frontière turque. Les informateurs sont payés pour devenir des agents doubles. L'Amni leur fait comprendre que leur vie ne tient qu'à un fil, même en Turquie ! L'État islamique peut les frapper partout : le meurtre d'un Syrien n'intéresse personne à Antakya ou Gaziantep. Les Turcs ont même tendance à nous trouver trop nombreux ! Par ailleurs, l'Amni fait vibrer la corde du patriotisme et de la fraternité musulmane. Personne ne travaille pour la CIA par amour de l'Amérique, dans cette région. C'est l'argent qui intéresse les indics. Quand l'État islamique vient vous en proposer autant, et quand il menace *en plus* de vous exécuter, puis de vendre vos enfants aux trafiquants des bordels turcs, peu de gens hésitent…

Guerre informatique

De l'avis général, les services de renseignement du califat sont les mieux organisés de toute la région. Implantés depuis près de dix ans en Irak, ils répliquent et peaufinent leurs méthodes depuis deux ans à l'intérieur de la Syrie. Aujourd'hui, ils possèdent des espions à travers l'ensemble de la rébellion, qu'il s'agisse de l'ASL ou des autres brigades islamistes. Cette infiltration massive et très structurée se double également d'une présence « virtuelle » non négligeable. Le département de la guerre électronique se trouve *de facto* sous la tutelle de l'Amni : le piratage des données adverses fonctionne à plein régime et vient consolider les informations de terrain.

– L'ASL n'a pas de secret pour eux, explique ainsi Abou Moustapha.

En effet, leurs pirates peuvent accéder aux correspondances des chefs militaires adverses, mais également à leur comptabilité interne. Par ailleurs, l'État islamique se targue de disposer des noms de plusieurs milliers de combattants ennemis, en particulier au sein de l'Armée syrienne libre.

– L'éparpillement des structures combattantes et l'absence de commandement central à l'intérieur de l'ASL entraînent une large circulation de données. Mal centralisées, elles sont donc plus difficiles à protéger, ajoute Abou Moustapha.

L'émir de la guerre électronique se nomme Abou Omar Al-Moulakin, un Irakien qui fut longtemps emprisonné à Tikrit par les Américains. Ce proche d'Al-Bagdadi rejoindra la Syrie en 2012 et participera à la création de Jabhat Al-Nosra[1], aux côtés d'Al-Wallas, le patron de l'Amni pour la région de Raqqa. Amputé lors d'un bombardement à Alep la même année, il demeurera ensuite plusieurs mois aux côtés de Jolani, l'émir de Jabhat Al-Nosra, en tant que délégué officiel d'Al-Bagdadi. Il prendra ensuite le commandement de ce département clé, doté d'informaticiens extrêmement brillants.

Le centre névralgique de cette organisation se trouve à Raqqa. Le groupe baptisé « Attissam » y est supervisé par un informaticien de talent dont l'identité constitue l'un des secrets les mieux gardés du califat. Même les autres émirs ne le connaissent que sous son nom de guerre, Abou Hafz. Il semble qu'en plus de la collecte de renseignements et du piratage informatique, les opérations de propagande, sur lesquelles nous reviendrons plus loin, se mènent également depuis cet endroit.

L'Amni infiltre ses adversaires, tant par l'espionnage

1. Les brigades d'Al-Qaïda en Syrie.

de terrain que par la guerre électronique. Elle noyaute les sources des services de renseignement occidentaux, et mène des campagnes d'une efficacité redoutable pour dénicher les traîtres au sein du califat. À l'intérieur des frontières, la peur et la paranoïa atteignent des sommets. À l'extérieur, la confusion des services occidentaux est à son comble. Jusqu'à présent, l'Amni peut se targuer d'un sans-faute. Même si elle écrit cette victoire en lettres de sang.

Le renseignement au service du jihad

Pourtant, son rôle ne s'arrête pas là. Bien qu'elle ne possède pas d'unités combattantes, l'Amni joue un rôle capital dans les victoires militaires qui s'enchaînent avec une incroyable rapidité :

– Sans elle, Mossoul ne pouvait pas tomber. Et Bagdad ne se trouverait pas dans une telle situation, commente Abou Moustapha, qui m'explique en détail la stratégie mise en place de concert entre l'armée et les services de renseignement : L'Amni s'installe des mois avant la bataille. Souvent, comme dans le cas de Mossoul, elle possède déjà quelques hommes sur place. Depuis des années ! Il lui suffit de réactiver les réseaux existants, et de les agrandir. Elle collecte d'abord une masse de renseignements sur toutes les personnes qui comptent dans la région. Des hommes politiques, des militaires, des policiers, mais également des chefs religieux, des activistes et des journalistes. Puis elle établit trois listes : noire, blanche et rouge. La liste noire est celle dont on s'occupe en premier. Ce sont les personnalités à abattre parce qu'elles sont gênantes, ou parce que leur mort peut faciliter la suite des événements. Par exemple, des activistes sunnites, qui pourraient se targuer d'une certaine légitimité auprès de la population, tout en s'opposant à l'État islamique. Ou encore des chefs militaires ennemis qui suscitent un certain respect, ou qui semblent plutôt efficaces sur le champ de bataille… En Irak et en Syrie, après un meurtre, personne ne trouve jamais les coupables. Il existe toujours mille et une versions de l'affaire ! Nous, les Arabes, nous n'aimons pas les histoires simples ! Donc, nous éliminons d'abord les obstacles. Voilà pour la liste noire. La liste blanche répertorie tous nos alliés, avec des notes concernant leur motivation et leur fiabilité. Ces hommes collaboreront pendant des mois avec l'Amni, pour nous tenir informés de la situation. Ils participeront ensuite à la bataille, d'une façon ou d'une autre, en sapant les forces adverses *de l'intérieur*. La liste rouge, quant à elle, se concentre sur des figures importantes et emblématiques dont le meurtre entraînera des représailles violentes, qui mettront la ville à feu et à sang. Par exemple, il peut s'agir d'un ayatollah chiite. Après sa mort, les brigades qui lui étaient fidèles fondront sur la communauté sunnite qui se vengera à son tour, etc. Ces représailles permanentes accentuent les divisions entre communautés et affaiblissent la ville. Si la moitié de la population prend fait et cause pour l'envahisseur, les chiites trouveront la bataille nettement plus compliquée à gérer ! Mais, parfois, cette liste rouge inclut également des leaders sunnites modérés ou alliés à d'autres groupes rebelles, dont on sait qu'ils ne nous apporteront jamais leur soutien. Dans ce cas, le cycle de violence et de représailles qui constitue le fondement de notre stratégie commence de la même façon, mais à l'envers : nos frères sunnites attaqueront les chiites en pensant qu'ils sont à l'origine de ce meurtre, et déclencheront le bain de sang. Mais, au final, cela ne fait pas la moindre différence ! Les éliminations de la liste rouge sont les dernières que nous mettons en œuvre. Elles peuvent précéder l'assaut de quelques semaines. Généralement, guère plus. Bien sûr, dans l'intervalle, l'Amni récolte toutes les données nécessaires sur les forces en présence, l'emplacement des bases militaires, ainsi que les réseaux de défense, les champs de mines... Bref ! Tout ce qu'il faut prendre en compte pour savoir comment et par où attaquer. Durant cette phase de préparation, les attentats-suicides et les explosions de voitures piégées jouent un rôle déterminant. Elles permettent d'éliminer les rivaux, mais également de créer un climat de peur et de chaos à l'intérieur de la ville, avant même qu'elle soit attaquée.

Les attentats-suicides

Vues de l'extérieur, ces explosions et ces boucheries semblent totalement anarchiques. Pourtant, elles obéissent à une chaîne de commandement et à une structure parfaitement organisée. L'Amni dispose d'une section spécialement dédiée à ce type d'opérations.

« L'émir des attentats » (c'est ainsi qu'il se fait appeler !) se nomme Abou Omar Al-Qaradashi : un Turkmène d'une cinquantaine d'années, originaire de Tefallah, en Irak. Ancien officier de Saddam Hussein rallié de longue date à l'insurrection des années 2000, il fut chargé en 2013 et 2014 de la création des cellules de l'État islamique au Liban, notamment dans la région de Tripoli. Compagnon de longue date d'Abou Ali Al-Anbari, il jouit de la confiance totale des « Premiers ministres » et du calife en personne, même s'il demeure sous l'autorité de l'Amni.

Ce département, qu'il dirige depuis le mois de juin 2014, possède des cellules à travers toute la région. Mais c'est en Irak que son implantation demeure la plus ancienne et la plus solide. En particulier dans les provinces d'Al-Anbar, de Salah ad-Din et de Diyala. Au sein de chaque région, plusieurs dizaines de martyrs attendent leur tour, prêts à faire exploser leur véhicule bardé de plastic contre un marché, une mosquée ou une base militaire ennemie. Leur entraînement n'a rien de très complexe. On recrute parmi les enfants et les soldats les plus fanatiques, qu'on endoctrine encore davantage, jusqu'au jour de leur mission. Al-Qaradashi désigne les cibles à ses lieutenants qui préparent l'opération, et le pauvre bougre n'a plus qu'à rouler vers son destin...

Chargé de l'espionnage, du contre-espionnage, de la répression interne mais également du renseignement militaire et des opérations terroristes, l'Amni constitue indéniablement le pivot de l'État islamique. Une organisation plus secrète que l'armée, mais tout aussi essentielle à la survie et à l'expansion du califat. Si l'on ne possède aucune estimation précise sur le budget de cette structure, une telle efficacité coûte forcément très cher ! Mais l'argent, l'État islamique n'en manque malheureusement pas…

6

Les financements

Le « ministère » des Finances

Les agences de renseignement prétendent qu'Abou Saleh[1] dirige le « ministère » des Finances en Irak. Il s'agit d'une erreur : cet homme occupe à Mossoul, la position d'« émir Al-Mali », que nous verrons plus loin. Malgré diverses investigations, je ne parviendrai pas à obtenir le nom des « ministres » des Finances en Syrie, comme en Irak. Ni auprès d'Al-Qaïda, ni auprès de mon informateur de Gaziantep, ni auprès des contacts que je possède en Irak. Abou Moustapha déclare l'ignorer également. Pour lui, les décisions en matière de finances sont prises directement par les deux « Premiers ministres », sous la tutelle directe d'Al-Bagdadi, puis relayées aux différents émirs des provinces. D'autres considèrent que tout est fait pour préserver leur anonymat. Impossible, à l'heure actuelle, d'en savoir davantage.

La structure du « ministère » des Finances se retrouve

1. De son vrai nom Mouafaq Moustapha Mohamed Al-Qarmouch.

à l'identique dans chaque province, et sert tout autant à alimenter les caisses du pouvoir central qu'à redistribuer les salaires et les allocations diverses. Elle comprend toujours trois postes détenus par trois émirs aux titres et attributions clairement définis : l'« émir Al-Mali » ou « chef du Trésor » se charge de collecter les revenus du califat, qu'il s'agisse du pétrole, de la contrebande ou des impôts, avant de les renvoyer intégralement vers le « Premier ministre ». L'« émir Idali » se charge de l'administration de la région. Il supervise le versement des salaires, des allocations sociales, mais également des primes au mariage (1 000 dollars) et à la naissance (1 000 dollars pour chaque nouvel enfant). Il veille simplement à ce que chacun reçoive les sommes dues, sans erreurs ni malhonnêteté. L'émir Al-Ghanaïm ou « émir des pillages », quant à lui, occupe une fonction très particulière, sur laquelle nous reviendrons plus loin.

L'émir Al-Mali collecte les fonds qui permettent à Al-Bagdadi de poursuivre son effort de guerre et sa politique sociale particulièrement généreuse. Il se trouve au cœur de la matrice financière du califat. Bien que certaines provinces semblent moins « profitables » que d'autres, presque toutes possèdent un accès sur le monde extérieur. Même si les jihadistes considèrent ce dernier comme un ennemi à abattre, ils exploitent précieusement chaque centimètre carré de leurs frontières. Dans chaque province du califat, les émirs Al-Mali font feu de tout bois : pétrole, contrebandes diverses et variées... Tout est permis, sauf le trafic de drogue !

Le pétrole

Selon le ministère du Pétrole syrien, l'État islamique produisait près de 60 000 barils par jour dans le nord-est du pays. Une région qui n'a bien sûr pas été choisie au hasard pour devenir le quartier général de l'organisation. Vendu avec un discount qui oscille entre 50 et 60 %, ce lucratif business rapportait environ 3 millions de dollars par jour. Les frappes aériennes ont porté un coup d'arrêt brutal à ces filières. Brutal, mais temporaire, puisque la production pourrait reprendre rapidement à la fin des bombardements…

Les chiffres pourraient même augmenter : le champ pétrolier d'Al-Omar à lui seul possède une capacité de 75 000 barils/jour, mais nécessite des travaux de réfection que l'État islamique ne semble pas encore en mesure d'effectuer. Si la production ne dépasse pas 60 000 barils aujourd'hui, elle pourrait facilement atteindre 120 000 barils lorsque les puits fonctionneront à plein régime au nord de la Syrie.

La prise de Mossoul a permis en outre aux jihadistes de faire main basse sur d'autres champs pétroliers, cette fois en Irak. L'État islamique contrôle désormais de nouveaux gisements en Irak – sept au total –, notamment ceux d'Ajil et d'Himrin, dans les provinces de Salah ad-Din et Diyala. Ces nouvelles conquêtes ajoutent une capacité de production *potentielle* de 80 000 barils/jour[1] aux 60 000 existant déjà en Syrie. De quoi doubler les revenus pétroliers de l'État isla-

1. Voir *IAE Monthly Report*, août 2014.

mique, si un arrêt des bombardements occidentaux lui permet de relancer la production ! Avec 6 millions de dollars par jour, le califat pourrait non seulement financer sa guerre, mais également amasser des réserves financières considérables...

La prise de la raffinerie d'Al-Qiyara aux environs de Mossoul venait compléter cette nouvelle donne jusqu'aux bombardements américains du mois de septembre. Auparavant, le pétrole pouvait être transformé sur place. Depuis sa destruction, les raffineries artisanales importées de Turquie ou de Chine deviennent de plus en plus nombreuses. Leur capacité de production n'excède pas 1 000 barils/jour, mais elles ne coûtent que quelques dizaines de milliers d'euros et peuvent facilement être remplacées. Malgré les frappes et la chute de production (environ 2 000 barils/jour), elles garantissent un approvisionnement suffisant en essence aux véhicules militaires de l'État islamique.

Avant les bombardements, les filières de contrebande étaient bien rodées. En Syrie, les trafiquants achetaient le pétrole à un prix établi en fonction de la demande et des conditions de sécurité qui prévalaient le long de la frontière. Si des batailles éclataient, ou si les soldats turcs décidaient de rendre la vie des contrebandiers (un peu !) plus difficile, le cours du baril grimpait de quelques dollars, histoire d'allonger les pots-de-vin ! Mais, en règle générale, le cours se situait entre 25 et 35 dollars. Les intermédiaires qui convoyaient le pétrole gagnaient quelques dollars de commission, presque entièrement reversés aux organisations mafieuses d'Antakya et de Gaziantep qui gèrent le trafic.

L'État islamique possède du reste un responsable

des transactions pétrolières dans chaque province où cela s'avère nécessaire. L'homme sert de vis-à-vis aux trafiquants turcs et dépend de l'émir Al-Mali, même s'il peut requérir directement la protection ou l'assistance des Soldats de la frontière d'Abou Moussab Al-Turki, dont nous avons déjà parlé. Il reçoit l'argent qui découle des transactions, généralement de façon quotidienne, en livres turques ou en dollars. Cet argent est transféré à l'émir Al-Mali, qui l'achemine à son tour jusqu'au gouvernement central.

Chaque province agit de la sorte, même si les filières de contrebande semblent plus efficaces en Syrie qu'en Irak, dans la mesure où les secondes ne fonctionnent que depuis quelques mois, avec une multitude de (coûteux !) intermédiaires.

Aujourd'hui, ces filières sont à l'arrêt. La Coalition a frappé les installations pétrolières et les pipelines artisanaux qui conduisaient le pétrole jusqu'en Turquie. Mais si les bombardements s'arrêtent, ce lucratif commerce reprendra de plus belle :

– Des contacts ont déjà été pris avec des entreprises russes et chinoises, dans le plus grand secret, pour remettre les puits de pétrole en état dès la fin des bombardements, m'explique Tarek. Al-Bagdadi ne perdra pas une seule journée…

Le trafic d'antiquités

Il existe évidemment d'autres sources de revenus pour l'État islamique. La Syrie regorge d'antiquités, dont certaines sont vieilles de plusieurs milliers d'années.

Comme pour le pétrole, les mafias se tiennent aux aguets, même si les Turcs semblent incapables de s'approprier ce marché. De l'avis général, ce sont les membres des mafias russes qui règnent en maîtres sur ce trafic. « Ils envoient des experts qui achètent sur place. Et en masse », explique un Syrien proche de l'État islamique, basé à Mercin et très impliqué dans le trafic. Aujourd'hui, 90 % des sites culturels syriens se trouvent en zone de conflit. L'organisation ne perd pas une miette de ce commerce. Abou Moustapha explique de quelle manière les jihadistes maximisent les profits :

– Jusqu'à la fin de l'année 2013, l'État islamique prélevait des taxes sur les pilleurs de sites et les contrebandiers de la frontière. Mais en observant l'ampleur des transactions, Al-Bagdadi a décidé de récupérer l'ensemble du marché, notamment sur le site de Doura Europos, parfaitement conservé jusqu'au début de la révolution. Désormais, il contrôle l'extraction, avec des ouvriers qui fouillent pour un salaire de 250 dollars et des primes de 50 à 300 dollars par objet trouvé. Il contrôle également le passage en Turquie mais aussi la vente, qui se déroule dans les villes de la frontière. Les Russes retrouvent les hommes de l'État islamique dans les hôtels confortables de Gaziantep, et décident de ce qu'ils vont acheter ou pas. Les prix de chaque objet peuvent varier considérablement. Mais, dans l'ensemble, ils ne représentent qu'une fraction négligeable de leur valeur réelle. Le califat le sait et les mafieux le savent également. Mais les jihadistes considèrent ces statues comme de vieilles idoles contraires à l'islam. Un simple morceau de bronze ou de terre cuite dont on peut se débarrasser pour 50, 100 ou même parfois 500 000 dollars. Comme ils en apportent des dizaines chaque fois, et que ces figurines ne leur coûtent rien, ils discutent rarement les prix. Par ailleurs, aucun d'entre eux ne possède la moindre connaissance en matière d'histoire. Ils ne feraient pas la différence entre les statues qu'on vend aux touristes à l'aéroport d'Istanbul et celles que l'on déterre en Syrie. Moi non plus, d'ailleurs… conclut Abou Moustapha d'un geste dédaigneux.

Dans chaque région, un responsable des antiquités se charge donc de ce lucratif commerce. Comme pour le pétrole, l'émir Al-Mali se charge ensuite de reverser les profits dans les caisses de l'État islamique. Impossible d'estimer avec précision le montant qui correspond à ce trafic. Néanmoins, on peut raisonnablement considérer que plusieurs millions de dollars sont ainsi « récoltés » chaque mois par ce biais. Certains parlent de dizaines de millions, mais au vu des prix du marché noir, ces chiffres me semblent exagérés. Bien sûr, ces sommes ne sont guère élevées en comparaison des revenus pétroliers. Mais elles demeurent suffisamment conséquentes pour être mentionnées ici…

L'émir des pillages

Il existe un troisième émir dans chaque département régional des Finances. L'émir Al-Ghanaïm, ou « émir des pillages ». Il est le financier des champs de bataille. Sa mission consiste à tirer le maximum des butins de guerre récupérés par les jihadistes lors de la prise d'une ville ou d'une région. Dans un village chiite, l'émir des pillages vend tout. Y compris les femmes, le plus souvent aux trafiquants turcs de la frontière, qui les envoient immédiatement dans les bordels d'Istanbul et d'Ankara. Mais également sur les marchés. D'après un rapport des Nations unies, publié le 2 octobre 2014[1], on retrouve des femmes capturées sur les marchés de Raqqa et de Mossoul, vendues comme esclaves, avec une pancarte accrochée autour du cou, pour afficher leur prix. Plus de 2 500 civiles auraient ainsi été capturées en Irak, rien qu'au mois d'août. Interrogé sur ces marchés aux esclaves, Abou Moustapha déclare ne pas y avoir assisté. Mais il ajoute :

– Cela demeure parfaitement compatible avec l'islam : tu peux prendre les femmes de l'ennemi, au jihad.

Comme les hyènes qui attendent pour picorer le festin du fauve, l'émir Al-Ghanaïm s'entoure d'une multitude de trafiquants et de commerçants pas toujours très clairs, tolérés par le califat pour leur capacité à acheter tout et n'importe quoi, dès que l'occasion se présente. Le butin est ensuite revendu dans la région, ou chez d'autres brigades, voire en Turquie. Lors de la prise de Deir ez-Zor, Abou Hazim Al-Belad, l'émir d'Al-Qaïda dans cette ville, fut exécuté avec tous les membres de sa brigade qui refusaient de prêter allégeance à l'État islamique. Abou Mari Al-Qatani, juge général d'Al-Qaïda dans le nord-est de la Syrie, parvint à s'enfuir avant l'arrivée des soldats d'Al-Bagdadi, avec ses 3 000 hommes, en abandonnant absolument

1. Michel Colomès, « Le sort tragique des femmes au pays du djihad », *Le Point*, 7 octobre 2014.

tout derrière lui ! Cet épisode donna lieu à un pillage mémorable, organisé de façon très méthodique, et qui rapporta environ 2 millions de dollars au califat, payés par plusieurs marchands turcs. Sans compter les armes qui furent conservées, répertoriées, puis acheminées au sein de différentes régions moins bien pourvues, suivant les directives d'Abou Chema, l'émir en charge de l'armement et de la logistique. Les maisons vides, jadis occupées par les hommes de l'Armée syrienne libre et d'Al-Qaïda, furent redistribuées aux jihadistes victorieux.

Les transports de fonds se trouvent également sous la responsabilité d'Abou Hajar Al-Hassafi, le « postier du califat » dont nous parlions plus haut. Abou Moustapha m'explique d'ailleurs que ces facteurs doivent montrer patte blanche : en effet, la moindre indiscrétion de leur part vaudrait son pesant d'or pour les services de renseignement occidentaux…

Un grain de sable dans les rouages du système

L'argent coule à flot mais, en matière financière, l'État islamique se trouve néanmoins confronté à un sérieux problème. En particulier pour ces maniaques de l'organisation, qui insistent pour que les émirs subalternes fassent systématiquement parvenir des comptes rendus précis à leur hiérarchie, concernant les finances, l'armement, ou encore les peines et les délits enregistrés chaque mois au sein des différentes régions.

L'État islamique éprouve des difficultés grandissantes

pour estimer le montant de ses richesses. Ses revenus sont encaissés en dollars, en livres turques, en euros ou encore en livres syriennes… En revanche, toutes ses factures se règlent en dollars ! Au vu des montants gigantesques à gérer et de la surveillance dont il fait l'objet, les opérations de change deviennent donc un véritable casse-tête pour le califat. Un problème qui le contraint à une dépréciation importante de sa trésorerie.

Pour Abou Maria, l'émir d'Al-Qaïda dans la région côtière, cette faille béante dans la cuirasse de l'organisation pourrait entraîner sa perte :

– Le califat possède tous les attributs d'un véritable État, sauf sa propre monnaie ! Or changer des centaines de millions de dollars pour l'organisation « terroriste » la plus pourchassée du monde présente des risques considérables, même pour les financiers les plus téméraires ! Alors les commissions explosent. Elles se situent aux alentours de 30 %. Voire beaucoup plus pour les livres syriennes, quasiment impossibles à écouler hors de ce pays.

Abou Maria continue son explication en dessinant une carte de la Syrie, agrémentée de petites flèches qui partent dans tous les sens. Rapidement, le schéma devient totalement incompréhensible :

– Une partie du pétrole se paie en livres turques le long de la frontière. Damas, qui rachète son propre pétrole à l'État islamique, se fait un plaisir de le régler en livres syriennes, afin de pourrir la vie de son adversaire. Et ça marche ! Tout cela représente *beaucoup* d'argent à convertir. Donc, beaucoup de frais ! Or, les soldats voudront toujours recevoir leur salaire en dollars, tout comme les habitants, pour pallier l'inflation galopante qui sévit en Syrie. Même chose pour les trafiquants d'armes, qui n'accepteront jamais rien d'autre que le billet vert…

Mon ami exhibe sa carte, qui ne veut rien dire, comme si elle expliquait tout, et poursuit sa démonstration :

– Pour l'État islamique, le fossé se creuse entre des dépenses toujours plus importantes et des revenus considérablement amoindris par les opérations de change. Personne n'en parle, mais il s'agit d'un problème qui hante Al-Bagdadi et son entourage. Même chose pour les stocks d'or capturés à Raqqa et à Mossoul, qui ne se vendront jamais qu'à une infime fraction du prix public…

7
La guerre médiatique

La propagande

Tandis que les hommes d'Al-Bagdadi progressent de ville en ville, une autre bataille fait rage. Moins sanglante, mais tout aussi cruciale : sur internet, les deux camps s'affrontent sans relâche. Or, là aussi, l'État islamique fait preuve d'une surprenante capacité d'adaptation et d'une combativité remarquable. Plus que tout autre mouvement jihadiste avant lui, il possède une maîtrise exceptionnelle des réseaux sociaux. En premier lieu de Twitter.

Pour chaque compte Twitter bloqué, des dizaines d'autres fleurissent immédiatement. Les informaticiens de l'EI conçoivent des applications spécifiques, comme « Aube des jours heureux » (*Dawn of Glad Tidings*), qui permettent d'amplifier la propagation de leurs messages et de leurs vidéos. Aube des jours heureux se télécharge comme n'importe quelle autre application et diffuse instantanément les messages de l'organisation auprès de tous vos abonnés. Ce bourgeonnement immédiat agit comme une caisse de résonance massive et incontrôlable, qui empêche nos autorités de circonscrire la propagande de l'ennemi.

Même chose pour la guerre des hashtags, ces symboles qui permettent de rechercher un élément précis sur l'ensemble du réseau Twitter. Durant l'été, les fans de football qui recherchaient les tweets liés à la Coupe du monde de football risquaient de se retrouver face aux vidéos de l'État islamique, qui détournait les hashtags #worldcup en y insérant ses propres messages. En septembre, Abdelrahmane Al-Hamid, un des membres du bureau de la propagande du califat (« Al-Furqan Media ») demanda à ses followers de lui indiquer les hashtags les plus populaires, afin de pouvoir y greffer ses propres messages. Twittant alors sous le nom d'utilisateur Abu_Laila, aujourd'hui suspendu, il posait la question suivante : « Le référendum écossais serait-il une bonne accroche ? »

L'objectif ? Diffuser des vidéos ou des photos produites par Al-Furqan auprès de centaines de milliers d'abonnés qui cherchent des informations ou des commentaires sur l'Écosse. En sachant que, au sein de cette foule anonyme et « accrochée » par hasard, un petit nombre de personnes considéreront le contenu comme intéressant. Ou même séduisant. Voilà comment l'État islamique gagne sans cesse de nouveaux fans...

Les campagnes de propagande obéissent toujours à la même stratégie. Sachant que Twitter effacera rapidement le message, les équipes du califat misent sur une diffusion massive, instantanée, qui permettra aux nombreux « fans » de stocker ces informations sur leurs ordinateurs ou leurs téléphones portables, avant la destruction du compte original...

Le 18 septembre, une vidéo de l'otage britannique John Cantlie, intitulée « Prêtez-moi vos oreilles », ou plutôt « Accordez-moi votre attention », fut diffusée sur le web, avec une efficacité et une rigueur toute militaire. Tournée sous la forme d'une interview journalistique, le prisonnier répète le discours préparé à l'avance par les cadres de l'État islamique. Un bel outil de propagande, avec lequel le califat espère saper le moral des opinions publiques occidentales, horrifiées par les exécutions répugnantes de ses compatriotes.

Pour assurer une diffusion maximale, un tweet d'alerte frappé du sigle @with_baghdadi fut envoyé quelques minutes avant la mise en ligne, effectuée sur YouTube et justpaste.it : un service presque inconnu, qui constitue pourtant un élément clé du dispositif de propagande mis en place par l'État islamique.

Justpaste.it permet de poster gratuitement et en tout anonymat n'importe quelle vidéo. Aucun contrôle ne s'exerce sur le contenu. Ce service qui opérait au nez et à la barbe de l'Amérique appartenait à un programmateur polonais de 26 ans, qui gérait le site depuis un studio minable situé dans la banlieue de Wroclaw ! Le jeune homme, Mariusz Zurawek, hébergeait depuis plusieurs mois des centaines de vidéos de l'État islamique : quelques scènes de la vie courante, mais principalement des meurtres, des galeries de têtes coupées, ou encore des attentats-suicides filmés en live à travers l'Irak et la Syrie. Sur ce site, les visiteurs obtenaient un long mot de passe qui leur permettait de télécharger la vidéo via des sites miroirs, tels que directmirror.com, sendspace.com ou encore gulfup.com.

À travers ce type de montage, qui requiert de bonnes connaissances en informatique et beaucoup d'astuce, mais très peu de moyens, l'État islamique assure une diffusion massive à ses vidéos. L'Occident tente de le contrer, mais, dans ce nouveau jihad informatique, les pions deviennent aussi faciles à sacrifier que les soldats. Pour un site fermé, beaucoup d'autres prennent le relais…

L'État islamique gère des dizaines de comptes Twitter. Au mois de juin, peu de temps avant la proclamation du califat, la page d'Al-Itisam possédait plus de 50 000 abonnés. Ajnad, qui diffuse à la fois des versets du Coran et des messages de propagande, en comptait plus de 36 000. Al-Furqan, 20 000… Le centre de diffusion Al-Hayat gérait, quant à lui, une demi-douzaine de comptes spécifiquement dédiés au recrutement de jihadistes étrangers, avec des pages en anglais, français, russe, allemand et danois.

Au mois de juin, on dénombrait une trentaine de médias en ligne qui, sans dépendre *directement* de l'État islamique, assuraient néanmoins sa propagande en relayant ses vidéos et ses communiqués. Avec 32 000 abonnés, Al-Battar servait de plate-forme aux hommes d'Al-Bagdadi pour ventiler leurs messages à travers la communauté musulmane du monde entier.

En Irak, les comptes régionaux de l'EI rencontrent une popularité effrayante. Plus de 50 000 abonnés pour la seule province d'Al-Anbar, et autant à Nineveh. L'interconnexion de ces groupes leur confère une formidable visibilité. Un post diffusé sur l'un d'entre eux sera immédiatement repris par les autres, et finira par toucher plusieurs centaines de milliers de personnes en quelques minutes. Les retweets (qui consistent à rediffuser un message reçu à l'ensemble de ses abonnés) assurent, quant à eux, une audience vertigineuse, qui se compte en millions d'internautes.

Twitter ferme régulièrement ces comptes. Mais sans jamais parvenir à entamer la formidable machine de propagande créée par l'EI. Pour Rita Katz, directrice du centre de recherche SITE, les moyens mis en œuvre sont largement insuffisants : « Après la fermeture d'Al-Hayat en juin, l'EI donna des consignes aux internautes, via les réseaux sociaux et les forums jihadistes, pour continuer à suivre les posts sur des comptes de secours. En 48 heures, à l'aide de deux nouveaux comptes, Al-Hayat récupérait 20 000 de ses abonnés ! » Loin de diminuer sous la pression des services occidentaux, l'audience ne cesse de croître…

Chaque nouveau follower représente une recrue potentielle, mais aussi un relais qui permettra d'accéder à des centaines, voire des milliers de nouveaux comptes. Les horreurs filmées par les combattants depuis les lignes de front ou les fosses communes inondent nos écrans, d'un bout à l'autre de la planète.

Nous nous trouvons face à une situation unique, jamais vue dans le passé, où l'ennemi dépeint comme le plus sanguinaire de toute l'histoire moderne s'invite dans votre bureau, votre salon, ou sur le téléphone portable de vos enfants. Aucune forme de contrôle parental ne peut exister sur Twitter. La création d'un nouveau compte prend quelques minutes et permet d'accéder instantanément à toute la communauté, sans aucune restriction. Même Facebook, une plate-forme sur laquelle les contrôles sont beaucoup plus stricts, admet que ses équipes de sécurité, à Dublin,

« travaillent à plein temps sur les contenus liés à la Syrie »[1].

L'État islamique réalise pleinement les enjeux de cette guerre virtuelle, et tient à conserver l'avantage. Au début du mois de septembre, Al-Mousra Al-Maqdissia, un groupe terroriste affilié à l'État islamique en Israël, menaçait directement les employés de Twitter après la fermeture de plusieurs comptes appartenant au califat. Al-Mousra Al-Maqdissia demanda aux « loups solitaires » – expression employée dans le tweet – de frapper cette société partout à travers le monde, en particulier à San Francisco. Une menace qui en dit long sur l'importance fondamentale que revêt Twitter aux yeux des jihadistes…

Les blockbusters du jihad

Les jeunes constituent une proie facile et particulièrement convoitée par l'État islamique, qui recrute principalement chez les 15-25 ans. Ses « productions » s'adressent d'abord à cette tranche d'âge. Le dernier blockbuster du califat n'a rien à envier aux superproductions hollywoodiennes. Explosions massives filmées au ralenti, scènes de combat d'un réalisme saisissant (et pour cause !), vues aériennes des opérations-suicides… Il semble que les réalisateurs du *Bruit de l'épée IV*, malheureusement disponible à peu près partout sur internet, cherchent à créer une sorte d'*Expendables* du

1. Simon Milner, en audience devant la Chambre des Lords au mois de juillet 2014.

jihad, dans un film où les combattants du califat sont glorifiés de bout en bout. Trois autres « épisodes » ont précédé cette dernière version particulièrement soignée, qui vise à drainer de nouvelles recrues en quête de sensations fortes.

Les productions de l'État islamique excellent dans ce mélange des genres, qui pousse les esprits faibles à confondre la réalité et la fiction. Si *Le Bruit de l'épée* se regarde comme un film, la guerre et les cadavres demeurent bien réels. En montrant le jihad comme une superproduction interactive, où l'action et l'aventure deviennent accessibles au spectateur – un aller simple pour la Turquie suffit ! –, les repères se brouillent : le cinéma devient la réalité, et inversement. Cette veine, l'État islamique l'exploite au maximum.

Le califat inonde le net avec des slogans qui évoquent ceux d'un sergent recruteur. Certaines de ses publicités calquent leurs images sur celles des jeux vidéo. Le célèbre *Call Of Duty* (*L'Appel du devoir*) immerge les joueurs dans un univers de combat particulièrement réaliste. Rien d'étonnant, donc, à ce que l'État islamique le reprenne ouvertement, pour ses propres campagnes de promotion.

Avec un graphisme similaire à celui du jeu, une photo montre par exemple deux jihadistes au visage masqué par une intense lumière, kalachnikov à la main. La légende : « Ceci est *notre* appel du devoir ». D'autres images circulent, encore plus morbides : l'une d'entre elles montre seulement un pistolet taché de sang et pose la question suivante : « Tu ne mourras qu'une fois. Alors pourquoi ne pas mourir en martyre ? »

De nouvelles photos inondent le web chaque

jour, ainsi que des vidéos et des slogans toujours très accrocheurs. Les amateurs semblent de plus en plus nombreux. L'État islamique ratisse large, parmi les internautes du monde entier. Il accumule des victoires discrètes mais quotidiennes, tandis que le flux de migrants occidentaux vers l'Irak et la Syrie s'amplifie d'un mois sur l'autre.

Le califat publie également son propre journal, *Dabiq*, un périodique d'une trentaine de pages, disponible en arabe, en anglais, mais également en français. Le contenu peut paraître pauvre, tant les textes y sont lourdement écrits et mal bâtis. Mais *Dabiq* déploie seulement une autre stratégie que celle des phrases courtes et des vidéos chocs qui submergent les réseaux sociaux. Ici, l'objectif consiste à produire des articles opaques et ennuyeux. La plupart du temps, le contenu peut se résumer en trois lignes, mais la multiplicité des références et l'ampleur des circonvolutions occupent des pages entières. Cette fois, il s'agit d'impressionner le lecteur.

L'objectif ? Montrer qu'au-delà des exécutions et des images de guerre se cache la pensée profonde et impénétrable de quelques érudits, capables de comprendre l'islam mieux que nous ne le ferons jamais. Pour les candidats au départ, qui s'inquiètent à l'idée de rejoindre une bande de brigands sans foi ni loi, ces textes incompréhensibles confèrent un semblant de légitimité intellectuelle au califat. Un peu comme on impressionne un faible d'esprit avec de grandes phrases qui ne veulent rien dire, *Dabiq* offre des mots savants et des simulacres de raisonnements complexes à ceux qui hésitent à aller combattre pour une bande d'excités sans cervelle.

Cette propagande, digne des plus belles années de la *Pravda* soviétique, contient néanmoins quelques courts passages intéressants, notamment lorsque Aboubakar Al-Bagdadi résume le devoir des habitants du califat de manière on ne peut plus concise : « Écoute, obéis et ne trahis pas. »

La cruauté : outil de recrutement et de dissuasion

Le meurtre des otages, qu'il s'agisse des Américains et des Britanniques kidnappés en Syrie ou celui d'Hervé Gourdel, le citoyen français assassiné en Algérie, relève de la même logique. À la différence des groupes armés du Sahel, plus assoiffés de rapines que d'idéologie, il semble que la rançon ne fasse désormais plus partie de l'équation. Le califat est riche et l'argent ne compte pas. Les symboles revêtent bien plus d'importance. À l'heure où j'écris ces lignes, et depuis sa création le 29 juin 2014, le califat a ainsi décapité quatre otages étrangers : James Foley, Steven Sotloff, David Haines, Alan Henning, sans oublier Hervé Gourdel, assassiné de la même manière en Algérie par un groupe rallié à l'EI. Mais il dispose toujours d'un nombre important de prisonniers occidentaux, qu'on estime aujourd'hui à une dizaine, prêts à être sacrifiés. Difficile d'espérer une issue favorable pour ces captifs dans un proche avenir, tandis que la guerre s'intensifie et que, outre-

Atlantique, certains sénateurs républicains commencent à évoquer l'envoi de troupes terrestres.

Ces meurtres particulièrement abjects évoquent l'œuvre d'un esprit malade, plus sadique que religieux. Pourtant, il s'agit d'une guerre psychologique très réfléchie. Rappelons-nous : il y a une dizaine d'années, en 2004, les attentats de Madrid changèrent le cours des élections et portèrent au pouvoir un outsider, José Luis Rodriguez Zapatero, qui promettait le désengagement des Espagnols en Irak, comme le demandaient les terroristes. Une seule bombe peut suffire à infléchir la politique étrangère d'une grande nation européenne. L'État islamique se souvient de cette leçon et les exécutions d'otages visent exactement le même objectif.

Al-Furqan, le service média de l'État islamique, se trouve à Raqqa, au sein du département de la guerre électronique, pour des questions de commodité et d'accès à internet. Composé d'un staff multilingue d'une trentaine de personnes, cet organe indépendant demeure trop petit pour devenir un « ministère ». Il semble agir de façon relativement autonome en poursuivant une seule et unique stratégie : demeurer omniprésent sur le web, à l'aide d'images et de vidéos extrêmement brutales, qui permettent de rallier les sympathisants les plus motivés. Jusqu'à présent, là encore, l'objectif semble atteint…

8

Le calife

Il n'existe que très peu d'éléments tangibles sur le passé d'Aboubakar Al-Bagdadi. L'homme semble issu d'une famille plutôt aisée, originaire de Samarra, en Irak. Il rejoindra très tôt les mouvances radicales du pays, jusqu'alors embryonnaires et sévèrement réprimées par le régime de Saddam Hussein. Les écrits d'Oussama Ben Laden et d'autres salafistes éminents influencent le jeune homme, bercé par l'humiliation de la première guerre du Golfe et l'état de servitude dans laquelle Washington maintient son pays, régulièrement bombardé et soumis à un embargo très strict.

L'appareil sécuritaire du dictateur est si efficace que toute action clandestine contre le régime semble impossible. Par ailleurs, le pouvoir reste entièrement aux mains des sunnites et le président irakien, malgré sa vision très modérée de l'islam, jouit d'une certaine sympathie au sein de la minorité salafiste, en raison de son opposition tenace aux diktats de l'Amérique. À cette époque, pas question de prendre les armes. Al-Bagdadi, qui se nomme encore Ibrahim Al-Badri, opte pour des études de droit islamique à Fallujah[1] sur les conseils de son grand-père, Haj Ibrahim Ali Al-Badri, un professeur d'arabe qui initiera personnellement le jeune homme à la doctrine salafiste, dès son plus jeune âge.

Avant l'invasion américaine, Al-Bagdadi prêche dans une mosquée de Samarra[2]. Il se penchera sur les écrits du Jordanien Mohamed Al-Maqdissi, un des plus grands théoriciens du salafisme ayant séjourné longuement en Afghanistan, aux côtés de Ben Laden. Ironie du sort : cet homme, auquel Al-Bagdadi voue une admiration sans limite, deviendra le plus farouche critique de son État islamique, qu'il décrira comme « une aberration » !

L'invasion américaine de 2003 marquera le tournant de son existence. Il cesse d'enseigner et décide de prendre les armes. Avec d'autres salafistes de la région, il crée un mouvement nommé Jaish Al-Sunna, surtout actif à Bagdad et dans la province de Diyala. Dès le début, ce mouvement fait preuve d'une grande brutalité à l'encontre des civils irakiens soupçonnés de collaboration avec l'ennemi. Mais, dans le chaos qui prévaut alors en Irak, les exactions d'Al-Bagdadi et de son groupe passent totalement inaperçues. Dans cette brigade, le jeune homme s'octroie le poste de juge. Ni commandant militaire ni leader suprême, seulement chef du « comité de la Charia ». Son objectif ? Asseoir son autorité sur les autres membres en masquant son

1. Contrairement à ce qu'affirment la plupart des médias, Al-Bagdadi n'a pas étudié à la faculté de Bagdad, mais à celle de Fallujah.
2. La mosquée Imam Ahmad Ibn Hanbal.

ambition personnelle, pourtant dévorante, derrière l'autorité religieuse que lui confère sa nouvelle position. Un mécanisme en tout point identique à celui qu'il applique aujourd'hui à l'échelle du califat...

Il usera de cette stratégie avec beaucoup d'habileté, en imposant pendant près d'un an ses vues aux autres commandants. En 2004, les forces américaines l'arrêtent et l'emprisonnent. Certains disent que sa capture ne fut possible qu'après la trahison de ses anciens alliés au sein des mouvements insurgés de la région, qui le considéraient comme un dangereux arriviste, prêt à tout pour gravir les échelons du pouvoir. Un membre de l'insurrection qui l'a côtoyé à cette époque affirme :

– Les unités de Jaish Al-Rashidin présentes dans la région [une autre brigade sunnite] se méfiaient d'Al-Bagdadi comme de la peste ! Beaucoup pensaient qu'il cherchait à affaiblir les autres groupes pour les absorber ensuite. Les assassinats de chefs rivaux étaient mis sur le compte des brigades chiites ou de la CIA. Mais nous savions que Jaish Al-Sunna se cachait derrière certaines de ces liquidations. Sans l'ombre d'un doute...

« Zones d'ombre »...

Al-Bagdadi est donc arrêté en février 2004. Et les certitudes s'arrêtent là ! Dans la presse, on prétend aujourd'hui qu'il demeurera emprisonné pendant cinq ans, jusqu'en 2009. Cette version se fonde sur le témoignage du colonel King, directeur de la prison où se trouvait Al-Bagdadi, près de la frontière koweïtienne.

Pourtant, en 2006, Al-Bagdadi rejoint Al-Qaïda

en Irak, sous le commandement d'Abou Moussab Al-Zarqaoui. En réalité, son passage en prison ne durera que quelques mois. Selon le Département de la défense, une commission de probation américaine le libérera au mois de décembre 2004. Les charges retenues contre lui semblent pourtant suffisamment graves : enlèvement, torture, jugements et exécution de familles entières...

Dans ce cas, pourquoi le laisser sortir ? Au mystère de la chronologie, sur laquelle plus personne ne semble s'accorder, s'ajoute celui des motivations réelles des États-Unis. Nous y reviendrons plus loin.

Prospérer dans un cadavre : l'ascension d'Al-Bagdadi au sein d'une organisation moribonde...

Al-Bagdadi devient alors émir de Rawa, en charge du tribunal islamique de la ville, pour le compte d'Al-Qaïda en Irak. D'après un ami qui résidait alors à Janna, quelques kilomètres plus loin, Al-Bagdadi ne se comportait pas différemment des autres émirs :

– Les fermiers vivaient normalement, ni mieux ni moins bien. Mais tous ceux qui entretenaient des contacts avec les Américains savaient que la punition pouvait tomber à n'importe quel moment. Les responsables locaux, les notabilités de la région... Même sunnites ! Chaque visite d'une délégation américaine ou d'un officier irakien équivalait à une possible condamnation à mort. On ne savait ni où ni comment. Mais tout le monde vérifiait le bas de caisse et le moteur de sa voiture avant de démarrer ! Honnêtement, les méthodes d'Al-Bagdadi ne me semblaient pas plus brutales que celles des autres leaders d'Al-Qaïda, à cette époque. Juste dans la norme… Pour les standards irakiens !

En 2006, le mouvement change de nom pour s'appeler « État islamique d'Irak », tandis qu'Oussama Ben Laden prononce la dissolution d'Al-Qaïda dans ce pays quelques mois plus tard. Cette décision peut paraître troublante, mais en apparence seulement. Comme nous le verrons plus loin, Al-Qaïda sait déjà que le mouvement irakien représente un ennemi, pas un allié. Ben Laden coupe donc les ponts et conservera toujours ses distances à l'égard du groupe. Tout comme son successeur, Aiman Al-Zaouahiri…

La même année, George Bush met en place les Awakening Councils : des milices populaires recrutées parmi les jeunes sunnites pour contrer la progression de l'État islamique d'Irak. L'idée semble excellente et fournit rapidement de très bons résultats, notamment dans la province d'Al-Anbar. Cette campagne touchera personnellement Al-Bagdadi. En 2007, la tribu des Boufaraj, à laquelle appartient son épouse, fera alliance avec les troupes américaines. Sachant que son mari appartient aux mouvements terroristes recherchés par Washington, sa femme sera exécutée par son propre clan, en signe de « bonne foi ». Décapitée sur ordre des anciens, qui flairent déjà la bonne odeur des dollars, généreusement distribués par les États-Unis aux « chasseurs d'insurgés » à travers le pays…

Au fil du temps, le succès se transforme en raz-de-marée ! L'État islamique recule et perd chaque jour un peu plus de terrain. En 2010, sur les 42 cadres recensés de l'organisation, il n'en reste que 8. Malheureusement, Al-Bagdadi figure parmi ces rescapés…

Toujours en 2010, après la mort de son prédécesseur, il se retrouve propulsé à la tête d'un mouvement à l'agonie. Amputé de ses dirigeants et largement impopulaire au sein de la communauté sunnite, exaspérée par sa bigoterie et par la sauvagerie de ses méthodes, l'avenir de l'État islamique d'Irak paraît bien sombre. Il faudra l'incroyable bêtise de Nouri Al-Maliki, le Premier ministre irakien, pour insuffler une nouvelle vie à son plus farouche adversaire ! Sa politique sectaire et violente jettera des centaines de milliers de sunnites dans les bras d'Al-Bagdadi, qui n'en espérait probablement pas tant !

L'État islamique ressuscité

Tandis qu'ils entament leur retrait d'Irak en 2009, les Américains supplient le Premier ministre irakien de conserver les Awakening Councils. Al-Maliki refuse : sur 100 000 combattants efficaces et motivés, le Premier ministre en renvoie plus de 85 000 ! Pire : il en poursuit un grand nombre pour « collaboration avec le régime de Saddam Hussein » !

Ces hommes, qui venaient de sauver l'Irak contre leurs propres frères sunnites, se retrouvent soudain au ban de la société irakienne, largement chiite. Du pain béni pour Aboubakar Al-Bagdadi, qui pressent déjà que cette masse de combattants désabusés finira par le rejoindre, malgré le conflit sanglant qui vient de les opposer. Les émissaires de l'État islamique rencontrent les chefs de tribus dans les provinces d'Al-Anbar, Diyala, Salah Edin, Nineveh… Partout, les alliances se forment. Comme me l'expliquait mon ami de Janna :

– Les 85 000 soldats renvoyés par Al-Maliki deviendront en quelques mois la colonne vertébrale de l'État islamique !

Al-Bagdadi capitalise de façon magistrale sur le mécontentement des sunnites, traités comme des citoyens de seconde zone par la majorité chiite. Conscient que cette situation particulièrement volatile ne demande qu'à exploser, il attise la haine et les massacres entre communautés avec une maestria diabolique. Dès le début de son règne à la tête de l'organisation, l'Irak s'enflamme.

En octobre 2010, il attaque l'église Notre-Dame-du-Salut pendant la messe du soir. La violence de cet assaut surprendra même les habitants du voisinage, pourtant habitués à ce genre d'atrocités : 58 personnes perdront la vie. Quelques mois après son entrée en fonction, le nouvel émir veut imprimer sa marque sur l'organisation. En lettres de sang…

Entre mars et avril 2011, l'État islamique orchestre plus d'une vingtaine d'attentats autour de Bagdad : voitures piégées, fusillades, grenades dans les marchés… Les jihadistes utilisent tous les moyens pour entretenir et amplifier le chaos. Le 15 août de la même année, plusieurs attentats-suicides font 70 morts à Mossoul. Les attaques indiscriminées se poursuivent de façon régulière, mais le prochain « coup d'éclat » de l'État islamique n'arrive que le 22 décembre : une série d'explosions simultanées dans presque tous les quartiers chiites de Bagdad, qui font 60 morts et plus de 200 blessés.

L'affranchi

La guerre civile qui fait rage en Syrie représente une nouvelle opportunité pour l'émir de l'État islamique d'Irak. Aiman Al-Zaouahiri, le successeur de Ben Laden, sollicite son aide pour mettre en place Jabhat Al-Nosra, l'armée d'Al-Qaïda, qui luttera contre Bachar Al-Assad. Jabhat Al-Nosra doit en effet tout à l'État islamique. Al-Bagdadi lui fournira l'ensemble de la logistique et des soutiens nécessaires à sa création, depuis l'Irak. Mais finalement, l'émir se ravise : pourquoi obéir aux ordres d'Al-Qaïda ? Pourquoi devenir le vassal d'une organisation lointaine, qui ne dispose d'aucun territoire sous son contrôle, tandis que l'avenir de son propre mouvement semble florissant ? Il renomme son groupe « État islamique d'Irak *et du Sham* », en référence à la Syrie, puis décide de placer Jabhat Al-Nosra sous son commandement direct. Al-Zaouahiri refuse, mais Al-Bagdadi ignore l'ordre d'Al-Qaïda. À partir de 2013, il décide de faire cavalier seul.

Les dirigeants d'Al-Qaïda comprennent que l'équilibre des forces se modifie. Subitement très enclin au compromis, Al-Zaouahiri dépêche un émissaire en Syrie pour tenter de trouver un terrain d'entente avec Al-Bagdadi. Le négociateur se nomme Abou Khalid Al-Souri. Le 23 février 2014 à Alep, peu de temps après son arrivée, un kamikaze de l'État islamique le tue, lui et son escorte. La rupture avec Al-Qaïda est désormais consommée.

L'Amni s'est chargée de ce meurtre. Mais Al-Bagdadi efface soigneusement les traces, comme un parrain mafieux qui se débarrasserait de tous les témoins gênants avant son procès. Le chef de l'Amni pour la Syrie, Abou Obeydi Al-Maghribi, sera exécuté quelques mois plus tard, sur ordre direct du calife. Haji Bakar, l'ancien « Premier ministre » de l'État islamique en Syrie, mourra quant à lui quelques jours avant la liquidation de l'émissaire. Pour Abou Moustapha, qui connaissait bien ce personnage, il ne subsiste aucune ambiguïté :

– Haji Bakar refusait qu'on élimine l'émissaire d'Al-Qaïda. Il ne voulait pas de guerre ouverte avec cette organisation. Alors Al-Bagdadi l'a éliminé. Clairement, ce « calife » mégalomane ne veut pas seulement prendre son indépendance vis-à-vis d'Al-Qaïda. Il veut écraser ce mouvement. Le détruire. Il le traite avec la même brutalité que ses autres adversaires.

Le vrai visage du calife… selon Al-Qaïda !

Pour Abou Maria, cette volonté de régner sans partage sur la communauté jihadiste mondiale explique en partie l'ascension de l'État islamique. Pour lui, le groupe évolue sous la tutelle directe de l'Amérique. Peut-être sans même en avoir conscience. Je ne cautionne pas forcément ce point de vue mais, dans la mesure où il représente celui d'Al-Qaïda, il me semble intéressant de le rapporter ici. Libre au lecteur de se forger, ensuite, sa propre opinion sur le sujet :

– La guerre à laquelle nous assistons aujourd'hui représente un coup de maître joué par les Américains dans la région, explique Abou Maria. Leur objectif ? Détruire Al-Qaïda en allumant un contre-feu, capable de circonscrire la progression de nos idées. Pour y parvenir, ils devaient trouver un homme, et une organisation plus féroce, plus violente et plus agressive que la nôtre. Mais aussi moins cohérente, sur le plan idéologique : une organisation qui ne se projette pas dans l'avenir lointain, qui ne possède aucun plan ni aucune stratégie sur le long terme… Le contre-feu en question se nomme Al-Bagdadi. Un personnage particulièrement trouble, dont on ne comprend guère pourquoi les Américains l'auraient libéré de prison, avec son passé de salafiste et les charges de torture, de meurtres ou encore de kidnappings qui pesaient sur lui. Beaucoup de questions se posent à son sujet, et au sujet de son entourage. La plupart des hauts dirigeants de l'État islamique séjournaient dans la même prison, au même moment ! Haji Bakar, l'ancien « Premier ministre » en charge de la Syrie, Abderrahmane Al-Bilaoui, ancien « Premier ministre » en charge de l'Irak, mais également Abou Mouslim Al-Turkmani, l'actuel « Premier ministre » en charge de l'Irak, et Abou Ali Al-Anbari, « Premier ministre » en charge de la Syrie. Sans oublier Abou Maiwan Al-Iraki, ancien commandant militaire d'Idlib et homme de confiance d'Al-Bagdadi… Les Américains tenaient tous ces hommes considérés comme éminemment dangereux ! En même temps et au même endroit ! Pourtant, ils furent *tous libérés*, malgré la gravité des actes qu'on leur reprochait. Sans aucune raison ! Les Américains ne sont pas idiots : qu'ils en laissent filer un, passe encore… mais toute la structure de commandement de l'État islamique, telle qu'on la connaît aujourd'hui, est passée entre leurs mains !

Il marque une pause pour nous servir le café, avant de reprendre le fil de son histoire :

– Après leur libération, ces hommes rejoindront l'État islamique d'Irak. Leur organisation se fera décimer par l'Amérique [entre 2006 et 2009]. Mais ils réapparaîtront ensuite comme les uniques survivants de cette période, pour prendre les commandes du navire. Cela fait quand même beaucoup de questions et de coïncidences ! Mais le Cheikh Ben Laden savait. Nous savions ce que les Américains projetaient de faire. Depuis 2006 ! Al-Qaïda avait obtenu un rapport confidentiel de la Rand Corporation dans lequel il était clairement préconisé de renforcer les organisations jihadistes irakiennes pour affaiblir et finalement détruire Al-Qaïda. Les Américains considèrent que, sur le long terme, l'État islamique représente un danger bien plus faible qu'Al-Qaïda. Ils ont raison ! Ce mouvement agit de façon si violente et si sectaire, qu'il ne parviendra jamais à rallier durablement la communauté musulmane à ses idées. Aujourd'hui, nous assistons à l'euphorie des premiers jours. La proclamation du califat attire les jihadistes les plus motivés, qui se précipitent pour faire allégeance. Mais d'ici quelques années, quand la guerre piétinera et quand Al-Bagdadi aura exaspéré les populations sunnites avec son intransigeance et sa brutalité, l'État islamique s'étiolera de lui-même. Il disparaîtra en laissant les musulmans plus orphelins que jamais : Al-Qaïda n'existera plus, détruite par cette organisation folle et vorace, qui finira par dévorer ses propres enfants. Voilà le plan de l'Amérique. Un plan qui, d'autre part, permet de maintenir l'Irak dans cet état de faillite dont Washington ne peut pas la laisser sortir…

Lorsque je lui demande pourquoi, il prend une seconde pour réfléchir avant de m'adresser un regard entendu :

– Tu te souviens de la production pétrolière irakienne avant la guerre ? 5 millions de barils par jour. Si l'Irak se remet sur pied, qui lui fera une place dans les quotas de l'OPEP ? Personne ! Et si on ajoute 5 millions de barils sur le marché, sachant que l'Irak peut en produire beaucoup plus, les prix s'écraseront au sol. Ce qui ferait perdre des centaines de milliards aux Saoudiens. Or, personne ne veut les mécontenter. Surtout pas l'Amérique ! Avec cette situation, Washington et ses alliés gagnent sur tous les tableaux. Du moins pour l'instant. J'ignore s'ils maîtrisent réellement ce qui se passe en Irak et en Syrie. Ça en donne l'impression, parce que ces frappes aériennes sont vraiment d'un ridicule achevé ! Qui peut croire un seul instant qu'elles cherchent à anéantir l'État islamique ? Il faudrait une guerre pour espérer y arriver ! Une *vraie* guerre, pas un jeu vidéo qui se joue à 10 000 mètres d'altitude. Mais, de toute façon, vous la perdriez. L'Amérique le sait et elle se contente de donner le change. De faire semblant de combattre. En réalité, elle atteint parfaitement son objectif. Al-Qaïda dépérit, et l'État islamique se renforce. C'est la phase 1. Pour la suite, nous verrons si elle se déroule comme Washington l'espère. Parce que ce califat, cette création de l'Amérique, c'est un monstre ! Et il dévorera tout ce que vous mettrez sur son passage. S'il se dévore lui-même d'ici quelques années, vous aurez remporté une grande victoire contre nous. Mais si les choses tournent mal, bien malin celui qui pourra prédire l'issue de ce foutoir !

Je me hasarde à lui expliquer que ces thèses feront le bonheur des complotistes, ceux-là mêmes qui considèrent que les attentats du 11 Septembre ne sont pas l'œuvre d'Al-Qaïda. Il s'esclaffe :

– Les gens qui disent ce genre de chose, ceux qui pensent que l'Amérique a fait sauter ses tours toute seule... je crois qu'ils devraient prendre des médicaments pour la tête ! Il leur suffirait de se replonger dans les documents d'Al-Qaïda, écrits *avant* le 11 Septembre, pour comprendre que cette opération s'inscrivait en droite ligne dans notre « programme » : il fallait frapper les intérêts américains, non pas pour le plaisir de leur infliger des pertes, mais pour attirer ce pays dans des guerres qui dévoileraient le vrai visage des dirigeants arabes : des musulmans qui n'hésitent pas à retourner leurs armées contre d'autres musulmans, en s'alliant avec les infidèles, trahissant du même coup les règles les plus élémentaires de l'islam. Et nous y sommes parvenus ! Devant ce spectacle, les masses musulmanes ont pris conscience de la formidable hypocrisie du monde créé par l'Occident, qui les maintenait dans un état de servitude calculé, sous la coupe de quelques présidents ou de quelques rois corrompus, eux-mêmes à la solde de Washington... Bref ! Personne ne peut remettre en cause le fait qu'Al-Qaïda se trouve bien à l'origine du 11 Septembre. Sauf un illuminé ou un simple d'esprit ! Mais, en ce qui concerne l'État islamique, il convient d'examiner la situation avec objectivité : à qui profite cette nouvelle donne ? À Al-Bagdadi, bien sûr. Mais sur le long terme ? Al-Qaïda veut aussi voir l'avènement d'un califat islamique mondial. Mais nous savons que tout cela prendra du temps. Beaucoup de temps. Je ne le verrai certainement pas de mon vivant, parce que la tâche à accomplir demeure gigantesque. Elle repose sur la détermination, la force, la ruse, mais surtout sur la capacité à convaincre. À la fois, les masses musulmanes qui demeurent empêtrées dans une fausse vision de l'islam, et les Occidentaux qui considèrent que le califat ne viendra jamais jusqu'à eux ! Il ne suffit pas de s'emparer de quelques dépôts de munitions et d'avancer tête baissée avec ses moudjahidines ! Comprends-moi bien : Al-Bagdadi et ses hommes constituent des adversaires redoutables. L'État islamique ne va pas disparaître demain. Mais, dans dix ou vingt ans, il ne sera plus là. Dans l'intervalle, beaucoup de sang va couler. Ici, en Syrie, mais également en Irak et en Occident. Il vous frappera, un jour ou l'autre. Il possède des sympathisants partout. En France, en Angleterre, en Amérique… Les années qui viennent seront difficiles pour tout le monde. Mais elles ne serviront pas les musulmans. Bien au contraire ! Al-Qaïda n'avance pas à l'aveuglette. Notre stratégie est sophistiquée, mûrement réfléchie. Nous savons que tous les problèmes ne peuvent se résoudre par une campagne militaire. Mais l'État islamique considère que la force et la terreur viennent à bout de n'importe quel obstacle. Ils se trompent. Mais ils feront couler des rivières de sang avant que les musulmans prennent conscience de leur erreur. Et Al-Qaïda ne pourra plus rien pour eux.

Tu sais pourquoi l'Amérique nous craint tellement ? Certainement pas à cause des attentats ! Parce qu'elle sait qu'avec le temps nous pourrons rallier tous les musulmans autour du véritable islam ! Al-Qaïda peut le faire. Pas l'État islamique. Voilà pourquoi ils manipulent Al-Bagdadi. Peut-être même à son insu ! Pour qu'après cette guerre les musulmans ne croient plus en rien. Pour qu'ils se soumettent à nouveau, comme ils le font depuis quatre-vingt-dix ans… Regarde ce qui se passe : vos frappes aériennes servent seulement à amuser la galerie. L'Amérique veut voir le califat prospérer encore davantage, pour qu'il raye Al-Qaïda de la surface de la terre ! Ils donnent l'illusion d'une guerre pour tranquilliser l'opinion publique, mais, en réalité, ils ne font rien. Pour l'instant. Après la disparition d'Al-Qaïda, ils s'attaqueront à l'État islamique et régleront le problème Al-Bagdadi, d'une façon ou d'une autre…

Al-Bagdadi : un homme de paille ?

Abou Moustapha, le transfuge de l'État islamique réfugié chez Al-Qaïda et installé à Idlib, valide cette analyse, en allant même plus loin :

– Al-Bagdadi est un homme de paille ! On le brandit au sommet de l'État islamique pour focaliser l'attention, mais il existe un autre réseau, bien plus secret, qui prend toutes les décisions. Le calife ne représente rien d'autre qu'un faire-valoir…

Loin d'être un adepte des théories du complot, je fuis en général tous ceux qui commencent à parler

« d'hommes de l'ombre », et qui confondent la nébuleuse islamiste avec un mauvais épisode d'*X Files*. Mais cet homme possède d'excellentes informations. Il s'agit sans nul doute de la meilleure source de renseignements qui ait accepté de s'exprimer au sujet de l'État islamique, du moins jusqu'à aujourd'hui. Son nom se trouve sur la liste noire d'Al-Bagdadi. Il constitue une *cible prioritaire* ! En tant que haut responsable de l'organisation et ami personnel d'Haji Bakar, l'ancien patron de la Syrie pour l'État islamique, il me semble impossible de balayer ses déclarations d'un simple revers de la main. Lorsque je lui demande plus de précisions, il me relate une anecdote particulièrement troublante :

– À la fin de l'année 2013, près d'Idlib, nous organisions une réunion secrète qui regroupait tous les émirs du mouvement dans la région côtière. Nous ne disposions plus que de 400 hommes et nous devions décider s'il fallait rester sur place, ou se replier vers Raqqa pour renforcer le dispositif militaire central. Haji Bakar présidait la rencontre. En tant que « Premier ministre » de la Syrie, lui seul pouvait prendre cette décision. Al-Bagdadi lui accordait toute sa confiance. Cette réunion dura plus de trois heures. Elle se déroulait dans une petite maison discrète, à une vingtaine de kilomètres d'Idlib, en direction de la Turquie. Je me souviens qu'il faisait terriblement froid, cette nuit-là... Je connaissais bien tous les chefs de guerre présents, ainsi que les hommes de l'Amni qui participaient aux débats. En revanche, personne ne connaissait le vieillard qui se tenait aux côtés d'Haji Bakar. Nous savions seulement qu'il s'agissait d'un Irakien. Il est demeuré silencieux pendant toute la réunion. Puis, au beau milieu des débats, il a glissé quelques mots à l'oreille du chef. Le patron de l'État islamique en Syrie a hoché la tête et a clôturé immédiatement les débats. Il venait de prendre sa décision : nos troupes devaient se retirer de la région… Tout le monde était sidéré. Le lendemain, tandis que nous roulions seuls vers Idlib, j'ai demandé à mon ami ce qui s'était réellement passé la veille, avec ce vieil Irakien qui semblait lui avoir donné un ordre. Il me prit le bras en déclarant d'une voix résignée : « Il vaut mieux que tu ne le saches pas. Dans ton intérêt… » Plusieurs autres cadres rapportent des anecdotes similaires. Un Irakien est arrivé en janvier 2014 à Raqqa avec une lettre du calife interdisant le moindre contrôle ou la moindre enquête à son sujet. La missive lui donnait accès à tous les dossiers, y compris ceux de l'Amni ! De qui peut-il bien s'agir ? Un homme que personne ne connaît, et sur lequel les services de renseignement ne peuvent pas enquêter ?

– Selon toi ? Des agents américains ?

– Je ne sais pas. Je sais seulement qu'il existe d'autres hommes dont on ignore tout, qui pilotent à distance le calife et ses gouvernements. Des Américains, comme le prétend Abou Maria ? Ou peut-être d'anciens officiers de Saddam Hussein qui souhaitent reconquérir graduellement le pouvoir, en instrumentalisant les salafistes ? Ou encore une manipulation étrangère ? Je ne peux pas répondre catégoriquement à cette question. Mais, en tout cas, Al-Bagdadi ne dirige pas l'État islamique !

Voici donc l'analyse d'Al-Qaïda sur Al-Bagdadi et son mouvement. On aura compris qu'elle reflète le point de vue d'une organisation très bien informée, qui a su gagner des millions de musulmans à travers la planète. Cette démonstration peut bien sûr relever de la manipulation totale. Ou, au contraire, lever le voile sur une vérité que les puissances occidentales tiennent à garder secrète, et dont Al-Qaïda serait la seule dépositaire…

9
La contagion

Les Soldats du califat

Aujourd'hui, rien ne semble pouvoir arrêter la progression de l'État islamique. Malgré les bombardements de la Coalition, les troupes d'Al-Bagdadi contrôlent désormais une grande partie de la région kurde de Kobané, en Syrie. Dans le même temps, les jihadistes poursuivent leur avancée vers Bagdad, et se trouvent désormais à quelques kilomètres de la capitale irakienne. Face à des armées trop peu équipées (comme les soldats kurdes) ou notoirement inefficaces (comme en Irak), ceux qui aiment à se décrire comme les nouveaux « cavaliers de l'islam » volent de victoire en victoire, au nez et à la barbe de notre Coalition.

Mais l'État islamique progresse également à l'étranger. En Algérie, le commandement d'Al-Qaïda au Maghreb islamique n'existe plus. Désormais, personne ne suit les ordres de son chef, Abdelmalek Droukdel. Chaque brigade décide seule de ses stratégies et de ses objectifs. Le résultat ? Au début du mois de septembre, un groupe totalement inconnu déclare son allégeance à Al-Bagdadi sous le nom de « Soldats du califat » :

à peine une quinzaine d'hommes. L'information passe totalement inaperçue. On les considère comme « négligeables », au vu de leur faiblesse numérique. Leur chef, Abdelmalek Gouri, figure pourtant parmi les commandants les plus fanatiques d'Aqmi. Mais qu'importe : le problème se trouve aujourd'hui en Irak et en Syrie. Du moins le pense-t-on. Les terroristes algériens, jamais complètement éradiqués, ne possèdent plus qu'un faible pouvoir de nuisance, cantonné au Sahel et à d'infimes régions côtières. Pour les dirigeants occidentaux, la question ne se pose même pas : laissons faire Alger et concentrons-nous sur l'État islamique. Il sera toujours temps de « nettoyer » la périphérie plus tard…

Lourde erreur ! L'enlèvement et l'exécution d'Hervé Gourdel démontrent que la cellule algérienne est efficace, rapide et déterminée. Quelques jours après le message d'Al-Bagdadi qui appelle à « tuer les Français », notre compatriote meurt décapité dans les montagnes de Tizi Ouzou, à plus de 2 000 kilomètres de Mossoul. Les directives du calife semblent suivies à la lettre. L'émir de cette minuscule organisation affirme qu'une seconde brigade vient de le rejoindre. D'autres suivront, et beaucoup prédisent que la plupart des anciens membres d'Aqmi se rallieront bientôt à l'État islamique, pour former une structure de plusieurs milliers d'hommes entièrement placée sous les ordres d'Al-Bagdadi.

L'enjeu dépasse le cadre des prises d'otages. Une résurgence des mouvements islamistes algériens sous la bannière du califat pourrait déstabiliser tout le pays, depuis la côte jusqu'aux frontières du Grand Sud. Un risque majeur pour Alger, qui gère tant bien que mal une menace terroriste omniprésente, et qui constitue un bastion de stabilité indispensable pour la région.

Une cascade d'allégeances…

En quelques mois, cette déferlante jihadiste a pris pied dans tout le monde musulman, de l'Atlantique au Pacifique. En juin 2014, le Maroc démantèle plusieurs cellules de recrutement liées au groupe d'Al-Bagdadi, dans le nord du royaume, et avertit l'Espagne que plus de 2 000 combattants s'apprêtent à revenir en Europe. Des centaines d'autres, bien sûr, continuent de quitter le pays pour se rendre en Syrie.

En Tunisie, Ansar Al-Charia s'abstient encore de prêter une allégeance directe à Al-Bagdadi, tout en ménageant les susceptibilités de l'État islamique, notamment au travers de messages de soutien. Les Tunisiens forment d'ores et déjà l'un des premiers contingents de jihadistes étrangers en Syrie, avec plus de 3 000 départs. L'écrasante majorité de ces volontaires combattent désormais au sein du califat. Ce chiffre astronomique a de quoi surprendre, pour un pays qu'on présente toujours comme libéral et tolérant. En effet : même l'Arabie Saoudite n'enregistre que 2 500 volontaires, alors que le royaume possède une population trois fois supérieure à celle de la petite Tunisie.

Même si aucun chiffre ne vient corroborer cette estimation, dans le chaos actuel, les volontaires libyens sont certainement les plus nombreux au sein de l'État islamique. La brigade libyenne Al-Batar, un des fers de lance de cette organisation, a quitté la Syrie à l'été 2014 pour revenir combattre temporairement aux côtés des islamistes d'Ansar Al-Charia, à Benghazi. Probablement, aussi, pour convaincre ses compatriotes de rejoindre l'armée du calife. Ce sera chose faite dès le mois d'octobre, lorsqu'Ansar Al-Charia proclamera très officiellement son allégeance à Al-Bagdadi...

À Derna, près de la frontière égyptienne, les « jeunesses islamiques » contrôlent désormais la région. Cette brigade ultra-radicale pratique les exécutions publiques dans les stades et applique la Charia sans le moindre compromis. Elle déclarera également son allégeance au calife, quelques jours avant les jihadistes d'Ansar Al-Charia. Tout l'est de la Libye se trouve désormais aux mains de l'État islamique.

En Égypte, la plus puissante organisation terroriste du pays, Ansar Beit Al-Maqdis, qui contrôle déjà une partie du Sinaï, a prêté allégeance le 1er juillet 2014. Dès cet été, elle a posté une vidéo particulièrement brutale montrant la décapitation de cinq soldats égyptiens, en tout point identique à celles en provenance d'Irak. Ce mouvement, qui possède des cellules et des sympathisants à travers l'ensemble de l'Égypte, a certainement joué un rôle crucial dans la vague d'attentats qui ensanglantent le pays depuis la destitution du président Morsi. La « guerre contre le terrorisme » menée par le « général » Sissi devient si violente qu'elle pousse un grand nombre d'islamistes, jadis plus modérés, dans les bras des organisations radicales. Mais la menace posée par Ansar Beit Al-Maqdis ne se cantonne plus à l'Égypte. Elle gangrène déjà Israël, en particulier dans la bande de Gaza.

Israël en danger

Concernant ce pays, la stratégie du califat est claire : commencer par détruire le Hamas, avant de s'attaquer à l'État hébreu. Cette méthode se fonde sur une idée simple : le Hamas, mouvement notoirement corrompu et impopulaire au sein de la population palestinienne, a commis une erreur impardonnable aux yeux des salafistes. En acceptant de se prêter au jeu de la démocratie, considérée comme *haram* et contraire à l'islam, les dirigeants de cette organisation acceptent *de facto* la loi des hommes et rejettent celle de Dieu. Le Hamas ne possède donc aucune légitimité et doit disparaître dès le début du jihad. Lorsque la bande de Gaza sera soumise à la Charia, alors la destruction totale de l'État d'Israël constituera l'étape suivante…

Le scénario peut paraître extravagant, mais Ansar Beit Al-Maqdis possède déjà plusieurs cellules à l'intérieur de Gaza. Selon Abou Maria, environ 400 agents appartenant à cette organisation se trouvent actuellement sur le territoire israélien. Mon ami semble d'autant mieux informé qu'Ansar Beit Al-Maqdis, avant le mois de juillet, appartenait à Al-Qaïda, comme lui, et briefait les cadres du mouvement sur les progrès de son infiltration…

Par ailleurs, de nombreux Palestiniens combattent actuellement au sein de l'État islamique. On estime leur nombre à près d'une centaine : des hommes qui vomissent littéralement le Hamas ! Une fois rentrés, ceux-là ne seront guère plus amicaux avec les membres de cette organisation qu'avec les soldats de Tsahal.

Les différences entre les deux mouvements paraissent clairement irréconciliables : le Hamas constitue aujourd'hui un groupe islamo-mafieux, accroché à son pouvoir, qui utilise les tunnels de la « glorieuse résistance palestinienne » pour importer des voitures de sport pour les fils des dignitaires gazaouis. En face, l'État islamique prône le dénuement, le martyre, et combat pour l'avènement de l'islam à travers la planète entière, sans se soucier des frontières et des nations, dont il récuse jusqu'à l'existence. Coincé entre le fanatisme barbare du califat et les gangsters sans foi ni loi du Hamas, Israël se trouve, comme souvent dans son histoire, confronté à une situation impossible. D'autant que les événements s'accélèrent et qu'il assiste, impuissant, à l'encerclement de son territoire par des forces particulièrement hostiles, et certainement beaucoup plus dangereuses que ses ennemis historiques.

Sa supériorité militaire est écrasante et ses services de sécurité sont probablement les plus efficaces du monde. Mais la guerre qui se profile devient plus asymétrique que jamais. Les hommes de l'État islamique semblent passés maîtres dans l'art de développer leur présence en milieu hostile. Ils le font avec beaucoup de succès à Tripoli, au Liban, mais également à Bagdad, où l'organisation possède un nombre incalculable de cellules dormantes. Le problème pour Israël tient surtout à l'implantation des hommes d'Al-Bagdadi à l'intérieur de Gaza. En effet, si le Shin Beth[1] peut enrayer la menace sur le sol israélien, ses relais sont infiniment plus faibles à Gaza. Et le Hamas, malgré

1. Le service de sécurité intérieure israélien.

les méthodes brutales de son État policier, ne possède pas les compétences nécessaires pour mettre un terme à l'infiltration de ces hommes, qui déjouent les pièges du Hezbollah au Liban, ou encore des services iraniens, pourtant réputés, à l'intérieur de la capitale irakienne.

– Le Hamas ne fait pas le poids, confirme Abou Maria qui ajoute : Et surtout, il ne jouit plus de la moindre légitimité populaire. Ce régime peut s'effondrer comme un château de cartes. Il suffit de placer les bonnes personnes aux bons endroits, de liquider quelques dirigeants… Et Gaza tombera comme un fruit mûr aux mains de l'EI.

Une situation qui compliquerait grandement la tâche d'Israël, d'autant que ce même État islamique pointe déjà son nez dans le reste du pays, notamment à Jérusalem. En février, le groupe Al-Mousra Al-Maqdissia proclamait son allégeance au califat. Les menaces de mort sur les employés de Twitter émanaient de cette organisation. D'après mes informations, corroborées par plusieurs sources indépendantes, il semble que l'application Aube des jours heureux, qui permettait à l'EI d'utiliser simultanément les comptes Twitter de tous ses abonnés, ait été développée en Israël par ce même groupe. On sait peu de chose sur lui. Abou Maria affirme qu'il s'agit d'une ancienne cellule d'Al-Qaïda implantée à Gaza, qui aurait migré à Jérusalem avant de se rallier à l'État islamique.

Quoi qu'il en soit, le conflit syrien se rapproche d'Israël. Le 15 septembre, les troupes de Jabhat Al-Nosra s'emparaient d'un dépôt militaire appartenant aux Casques bleus des Nations unies, sur le plateau du Golan. L'avancée des troupes d'Al-Qaïda peut déjà sembler préoccupante, mais la nouvelle alliance forgée début octobre entre ce groupe et l'État islamique fait peser une menace encore plus grande sur la stabilité de cette frontière. En cas d'attaques répétées, les conséquences pour cette région, déjà très instable, seraient désastreuses...

Les prochaines cibles

Le Liban n'est pas épargné. L'actuel émir des attentats-suicides de l'EI, Al-Qaradashi, a œuvré tout au long de l'année 2013 à la création de cellules dormantes dans le nord du pays, explique Abou Maria. Notamment à Tripoli, où le califat possède de nombreux relais et des sympathies très étendues au sein de la communauté sunnite. Même chose à Baalbek, où la brigade Ahrar Al-Sunna déclarera son allégeance au calife dès le 30 juin.

La Jordanie, quant à elle, se démène pour endiguer le flot de sympathisants qui infestent les rues de Maan et de Zarka : deux villes qui figurent parmi les hauts lieux du salafisme mondial, depuis les années quatre-vingt-dix. Abou Maria considère la Jordanie comme la prochaine cible de l'État islamique. Mais le royaume, conscient de la menace, prépare méticuleusement sa riposte. Quitte à mener des attaques préventives pour circonscrire le danger. Au mois de juin, une centaine de membres des forces spéciales furent envoyés en Irak pour ralentir la progression des troupes du califat. Opération réussie. Temporairement, du moins. Le 9 septembre, l'armée irakienne se retirait des villes de

Seklawissat et Al-Jisser, dans la province d'Al-Anbar, qui marquent les derniers verrous stratégiques avant la Jordanie. Désormais, les jihadistes peuvent marcher librement jusqu'à la frontière...

La Jordanie possède un avantage pour le moins surprenant : Al-Qaïda jouit d'une popularité exceptionnelle au sein de la population. À tel point que l'État islamique peine à gagner les cœurs des salafistes du royaume. Une bonne nouvelle... Ou pas ! La campagne de propagande mise en place depuis l'été par le roi ne donne aucun résultat, et s'avère même contre-productive.

Le monarque pensait détenir un atout majeur en la personne d'Abou Mohamed Al-Maqdissi, ancien compagnon de Ben Laden, incarcéré depuis des années dans les prisons de son pays. Grâce à lui, Aman comptait battre en brèche la popularité naissante du calife, et le priver de ses supporters potentiels. À peine libéré, Al-Maqdissi entama une vaste campagne de dénigrement contre Al-Bagdadi. Les propos très durs tenus par cette égérie du salafisme sur l'État islamique pouvaient en effet décourager certains sympathisants. Mais la majorité comprit bien vite qu'Al-Maqdissi ne devait sa libération qu'aux discours enflammés qu'on lui demandait de produire sur commande, d'un bout à l'autre du pays. En quelques semaines, il perdit toute crédibilité aux yeux des islamistes, boostant encore davantage l'aura du nouveau calife.

Comme si cela ne suffisait pas, la participation de la Jordanie à la Coalition internationale fut perçue comme une trahison par les radicaux. Un acte d'apostasie, qui met désormais en péril le règne – et la vie ! – du souverain. Pour Mohamed Al-Shalabi, un des leaders les plus influents de la communauté salafiste jordanienne, ces attaques sont *haram* ! « Le roi aurait mieux fait de bombarder les juifs qui pilonnent Gaza, au lieu de s'associer à une nouvelle croisade contre l'Islam ! » Cette décision peut coûter cher au gouvernement et au Palais. La chaîne Al-Arabiya cite un responsable de la sécurité jordanienne[1] qui admet qu'« il existe des centaines, des milliers de sympathisants ! Ces hommes constituent des cellules dormantes à travers tout le pays. Il s'agit de véritables bombes à retardement... ».

Pour Abou Moustapha, l'ancien émir de l'État islamique, la Jordanie représente un élément capital dans la stratégie d'Al-Bagdadi :

– Il veut ce pays pour plusieurs raisons : d'abord parce qu'il considère que les sunnites le suivront de plus en plus facilement, au fur et à mesure de ses victoires. Y compris en Jordanie. Par ailleurs, le royaume lui fournira un accès aux dernières régions du sud de la Syrie qui échappent à son contrôle. Bachar Al-Assad, comme les autres factions rebelles, seront alors pris en tenaille et à la merci de son armée. La Jordanie lui offrira aussi un accès à la mer. Pour n'importe quel État, même financé par la contrebande, un accès maritime représente une nécessité incontournable...

Mais, selon lui, la menace qui pèse sur la Jordanie n'est pas immédiate :

– Ils possèdent d'excellents Moukhabarat [services de renseignement], et une armée plutôt bien organisée.

1. « ISIS Appeal Presents Jordan with New Test », Al-Arabiya TV, 31 août 2014.

De plus, si les moudjahidines pénètrent sur le territoire du royaume, l'Amérique interviendra immédiatement. Tout comme Israël, qui collabore déjà étroitement avec Aman. Dans l'immédiat, l'État islamique ne peut pas se le permettre. Il doit consolider ses acquis en Syrie et en Irak. Mais, pour l'avenir, la Jordanie figure au sommet de ses priorités...

Al-Qaïda sur le déclin

D'autres mouvements jihadistes se rallient au califat d'un bout à l'autre de la planète : le groupe taliban pakistanais Tarik Al-Khilafat (10 juillet 2014), la brigade Abou Sayyaf, aux Philippines (15 août 2014), ou encore les Terik Al-Taliban (3 octobre 2014) au Pakistan, dont l'allégeance entérine l'autorité d'Al-Bagdadi sur cette région, considérée comme le fief historique d'Al-Qaïda. Pour Al-Zaouahiri, le successeur de Ben Laden, la défaite paraît consommée.

Le rayonnement d'Al-Qaïda semble également vaciller au Yémen. Cette région stratégique abrite la branche la plus redoutée de l'organisation : Al-Qaïda dans la péninsule Arabique (Aqpa). Elle tente régulièrement d'organiser des attentats sur le sol américain. Autant dire qu'elle fait la fierté d'Al-Zaouahiri ! Or, le 20 août, ce groupe annonce son « soutien » au calife[1]. Pas encore une allégeance, mais on s'en approche. Le communiqué exprime la « solidarité » d'Aqpa avec leurs frères du califat. « Leur sang et leurs blessures sont les nôtres »,

1. *Yemen Times.*

déclare le message, qui va même jusqu'à prodiguer des conseils extrêmement précis à l'attention des hommes de l'État islamique :

« Nous connaissons bien le problème des drones et nous conseillons à nos frères en Irak de se méfier tout particulièrement des espions, qui jouent un rôle essentiel dans l'identification des cibles. Faites attention à vos téléphones portables et méfiez-vous d'internet. Ne vous rassemblez pas et ne vous déplacez pas en convois trop importants. Disséminez-vous dans les fermes et, quand le bruit d'un avion se fait entendre, cachez-vous sous les arbres. Surtout, n'oubliez pas de creuser des tranchées très profondes : elles atténuent l'impact des bombardements… »

Le communiqué ressemble à celui d'un grand frère inquiet pour son cadet. Or, c'est précisément le but de ce message, dont le paternalisme savamment distillé relève autant de la sympathie que de l'arrogance. Jusqu'à présent, Aqpa ne semble pas vouloir se soumettre à Al-Bagdadi, même s'il feint la compassion pour éviter de perdre le soutien de ses propres soldats. Il semble même récupérer leurs méthodes : le 9 août, Aqpa décapitera quatorze soldats de l'armée yéménite et postera la vidéo sur internet. Une première.

– Ce genre de massacre ne se produisait jamais, auparavant. Clairement Aqpa copie le style de l'État islamique, explique Abdoul Ghani, un analyste yéménite qui suit de très près cette organisation pour le compte de Human Rights Watch.

Le groupe imite les atrocités d'Al-Bagdadi pour éviter de perdre son propre fan-club ! Car au sein des mouvements demeurés loyaux à Al-Qaïda, on assiste à une véritable hémorragie qui draine les jihadistes du monde entier vers l'Irak. Abou Maria lui-même me confie avoir perdu plusieurs de ses hommes, qui désertent Jabhat Al-Nosra pour rejoindre les rangs de l'État islamique.

– Surtout des étrangers, explique-t-il. Jabhat veut créer un califat en Syrie. L'État islamique ne se préoccupe pas des frontières. Les Européens ou même les Arabes qui viennent se battre ici semblent plus réceptifs au discours apatride d'Al-Bagdadi. Jabhat reste avant tout une organisation syrienne. L'État islamique ne l'a jamais été. L'État islamique n'a pas de nationalité…

Abou Maria me confie qu'il vient de perdre deux Français au sein de sa propre brigade. Et presque tous les Européens qui combattaient à ses côtés.

Les Shebab somaliens restent fidèles à Al-Qaïda, mais leurs membres rejoignent l'État islamique en masse. Une tendance confirmée par Abou Moustapha :

– On les trouve par centaines en Syrie et en Irak ! Tout comme les jihadistes tunisiens, qui considèrent leur « Ansar Al-Charia » comme une organisation molle et indécise. En refusant de faire allégeance à Al-Bagdadi, elle devient orpheline ! Elle se bat avec une poignée d'hommes dans son propre pays, alors que plusieurs milliers de Tunisiens combattent en Syrie. Pourquoi ? Parce que tous les jeunes musulmans qui veulent défendre l'islam considèrent *déjà* que ce groupe appartient au passé, qu'il trahit son devoir en refusant de prêter allégeance… Bientôt, pour tous ces mouvements salafistes, la soumission au califat deviendra une question de survie. Sans elle, tous les vrais musulmans leur tourneront le dos !

Du Maroc aux Philippines, les allégeances tombent en cascade et menacent jusqu'à l'existence d'Al-Qaïda. Celle-ci combat aux côtés de l'État islamique depuis le début des bombardements sur la Syrie, par « solidarité ». Mais cette manœuvre purement tactique ne lui conférera aucun ascendant sur son rival. Pire, elle risque d'entériner sa place de numéro deux, offrant ses hommes et son argent pour mener les batailles d'Al-Bagdadi. Un serment d'allégeance qui ne dirait pas son nom, mais qui pourrait porter un coup définitif à cette organisation déjà très affaiblie.

10

L'Occident face à l'État islamique

Une guerre perdue d'avance

En 2007, à Bagdad, un militaire américain chargé de la formation des soldats irakiens m'avouait avec une pointe de désespoir :

– En Afghanistan, les nouvelles recrues se jettent sur l'ennemi pendant qu'on leur tire dessus. Rien ne les arrête ! Ici, dès le premier coup de feu, ils détalent comme des lapins !

Pourtant, les États-Unis ont dépensé sans compter. L'encadrement et la formation de la nouvelle armée irakienne ont coûté plus de 20 milliards de dollars[1], et le chiffre continue de grimper.

– Tout ça pour des combattants d'opérette, incapables de défiler correctement ! conclut le même instructeur.

Cette armée, où les officiers achètent leurs promotions (chaque grade a son prix !), constitue la clé de voûte de l'opération alliée, décidée par Barack Obama

1. *Final Report* from Special Inspector General for Iraq Reconstruction (SIGIR), juin 2013.

au mois d'août 2014. En refusant d'engager des troupes au sol, le président américain expliquait que « personne ne fera le travail des puissances régionales, qui doivent elles-mêmes assumer la charge de leur sécurité ». Avec les frappes aériennes, les États-Unis, la France et les autres nations alliées visent une guerre à « zéro mort ». Mais on peut craindre que tout ce qu'elles obtiendront, c'est une guerre à « zéro résultat »...

Dans les deux premiers mois de cette opération, la Coalition a frappé 300 véhicules, une vingtaine de raffineries (mobiles, peu coûteuses, et probablement remplacées le lendemain), une trentaine de bases (vides, pour la plupart) et environ 70 « postes d'observation » : là encore, de simples bâtiments que les soldats avaient pris grand soin d'évacuer. Cerise sur le gâteau : en deux mois, les États-Unis auraient frappé... 25 combattants de l'État islamique[1]. Face à une telle « hécatombe », Barack Obama semble bien avisé de prévenir ses concitoyens que la guerre sera longue.

Si la production pétrolière a été temporairement stoppée, les structures militaires ne semblent absolument pas ébranlées par les frappes. Les cibles détruites ne revêtent que très peu de valeur stratégique. Chaque jour, la Coalition aligne dans nos médias des victoires à la Pyrrhus, mais ces frappes ne produisent littéralement pas le moindre effet sur le moral et la structure de l'État islamique. Pire ! Depuis le début des attaques, les troupes d'Al-Bagdadi semblent faire preuve d'un extraordinaire regain d'énergie, comme si les bombardements n'existaient pas !

1. Rapports quotidiens de l'US Central Command.

Malgré les missiles, les jihadistes se portent bien. Aucun leader du mouvement n'a pu être liquidé, et le califat poursuit sa progression sur tous les fronts, du nord au sud. Tandis que notre aviation « frappait » l'État islamique en Syrie, celui-ci semblait bien loin de suivre les conseils prodigués par Aqpa, la branche yéménite d'Al-Qaïda. Loin de se cacher « sous les arbres », les hommes d'Al-Bagdadi lancèrent une grande offensive contre Kobané, un bastion kurde situé près de la frontière turque. Les frappes aériennes de la Coalition semblent totalement incapables de les arrêter.

Plus troublant encore : durant cette même période, l'État islamique part à la conquête de l'Irak, en convergeant sur Bagdad depuis Mossoul et Al-Anbar. Les lignes de défense de l'armée irakienne s'écroulent les unes après les autres. Les soldats désertent, terrifiés par les images de la propagande jihadiste. Les militaires de cette très grande armée prennent conscience un peu tard que leur travail implique de prendre quelques risques. Outrés par cette inacceptable contrepartie, les valeureux défenseurs de la nation irakienne préfèrent abandonner leurs uniformes et rentrer chez eux ! L'État islamique progresse sans rencontrer de résistance et se trouve désormais à vingt kilomètres de Bagdad.

Que ces hommes puissent rejoindre la capitale irakienne en parcourant des centaines de kilomètres en plein désert relève d'une chance extraordinaire, ou de la magie pure et simple ! Sont-ils invisibles ? Échappent-ils aux images satellites de la Coalition, ainsi qu'aux drones et aux avions de chasse qui survolent en permanence le pays ? Là encore, il semble que l'efficacité de notre dispositif laisse étrangement à désirer…

Les moudjahidines savent désormais qu'ils doivent déployer leurs troupes d'un bout à l'autre du califat, générer « des guerres dans la guerre » et multiplier les cibles potentielles des Occidentaux. Faut-il frapper les minuscules raffineries artisanales qui tapissent les environs de Raqqa ? Les puits de pétrole ? Les dépôts de munitions (vides) ? Ou les troupes qui mènent des assauts en Syrie, chez les Kurdes, ou en Irak, sur plusieurs fronts à la fois, depuis Al-Anbar jusqu'à Bagdad… ? Cette stratégie d'éparpillement affaiblit encore l'efficacité de nos frappes, dont beaucoup de commentateurs constatent déjà les limites.

En effet, l'option du tout aérien ne *peut pas* produire de résultats. Surtout dans cette guerre, où l'ennemi a anticipé nos actions pour se fondre dans un territoire immense. Abou Chema, l'émir de la logistique en charge des armes et du matériel militaire, a dissimulé la majorité de son arsenal. Aujourd'hui, impossible pour nos avions de repérer une concentration d'armes importantes, surtout en l'absence de renseignements au sol…

En dehors de quelques villes où Al-Bagdadi maintient une présence visible, mon ami Tarek considère que moins d'un tiers du matériel et des brigades disponibles demeurent aujourd'hui en activité. Le reste se trouve dans des fermes, des tranchées ou des ravines, sous des filets de camouflage et des branches d'arbres. Une stratégie simple, rudimentaire, qui n'exige aucune technologie, mais qui suffit à déjouer nos bombardements. La première sortie des jets britanniques, qui durera sept heures, se soldera par un bide retentissant durant lequel les chasseurs ne trouveront pas la moindre cible à détruire !

Depuis, les attaques se concentrent sur des objectifs à (très !) faible valeur, principalement des Jeeps et des bâtiments considérés comme suspects. Mais en l'absence de toute information fiable sur les mouvements réels de l'État islamique, la bavure n'est jamais très loin. D'après l'Observatoire syrien des droits de l'homme, on comptait déjà 29 pertes civiles *recensées* à la fin du mois de septembre, consécutives aux bombardements occidentaux.

L'explosion d'un silo à grains pris pour cible par un missile américain dans la ville de Manjib, le 29 septembre, provoquera la mort de 2 civils se trouvant sur place. Cette information donne également une indication sur la nature des frappes, dont le caractère stratégique (un silo agricole ?) peut sembler pour le moins discutable...

Dans un article publié sur son site web, la BBC communiquait les images du ministère de la Défense britannique : on pouvait apercevoir une vieille Toyota surmontée d'une mitrailleuse Douchka, une arme soviétique hors d'âge, déjà en service pendant la Seconde Guerre mondiale. Voilà donc nos cibles ! Le paradoxe entre les moyens déployés par la Coalition et la pauvreté du résultat obtenu résume à lui seul la contradiction inhérente à cette guerre : sans troupes au sol, nous continuerons à exhiber les victoires ridicules d'un avion de chasse contre une fourgonnette, sans jamais entamer la cuirasse de l'adversaire. Les tapis de bombes de Bachar Al-Assad, autrement plus intenses et plus brutaux que ceux de l'Occident, n'ont jamais empêché l'État islamique de prospérer, en gagnant chaque année plus de terrain, plus d'armes, plus d'argent et plus de soldats.

– La guerre est devenue notre élément, explique Abou Maria. Circuler discrètement, éviter les bombes, protéger notre matériel, nos hommes et notre argent, tout cela représente notre mission au quotidien. Depuis des années. Votre Coalition regroupe peut-être quinze pays, mais elles ne gênent pas davantage l'État islamique qu'une piqûre de moustique ! Ils perdront des soldats, des armes… Mais ils en trouveront d'autres ! Même si vous tuez le calife, ils le remplaceront ! Ce cycle de violence que l'Occident met en place pour venir à bout de son ennemi, Al-Bagdadi le connaît par cœur et s'y adapte à la perfection ! Je le sais, car je vis de la même manière : vous n'enverrez jamais autant de bombes que Bachar Al-Assad, vous ne pilonnerez pas systématiquement les mosquées, les écoles et les hôpitaux, juste parce que vous savez que les jihadistes utilisent souvent ces endroits comme refuges… Vous n'emploierez pas de gaz mortel à l'intérieur d'une ville, en espérant que parmi les femmes et les enfants, cette opération tuera *aussi* quelques combattants. Vous n'enverrez pas vos propres hommes à l'abattoir, pour défendre bec et ongles chaque ruelle et chaque village, en sachant que la plupart d'entre eux se feront décapiter. Vous ne ferez rien de tout cela et, pourtant, même si vous y étiez prêts, d'autres ont déjà essayé avant vous. Sans succès. Bachar nous a fait endurer l'enfer. Et pourtant, l'État islamique a survécu. Il a grandi. La guerre, les bombes… il s'en nourrit ! Que les missiles viennent d'Amérique, de France ou de

Russie, cela ne changera rien à l'issue de ce conflit : l'Occident perdra.

Cette guerre apparaît comme un non-sens. Si l'Occident opte pour les frappes aériennes, il doit disposer de solides renseignements au sol, avec des agents de terrain qui indiquent précisément les coordonnées des cibles à atteindre. Malheureusement, les missions actuelles se mènent à l'aveuglette, sur la base de cartes et d'images qui ne montrent pas grand-chose, puisque notre adversaire a opté pour la mobilité, la dispersion et la dissimulation.

Privé de renseignements directs, l'Occident frappe tout ce qu'il trouve et s'attaque aux barrages routiers, aux voitures armées, ainsi qu'aux bâtiments administratifs et aux raffineries clandestines. Mais ce travail de fourmi se trouve en inadéquation flagrante avec la taille de notre adversaire. Cette fois, il ne s'agit pas des groupes armés du Mali, faibles et désorganisés dont, soit dit en passant, *nous ne sommes jamais venus à bout* ! Il ne s'agit pas non plus des coupeurs de routes centrafricains, armés de pétoires et de machettes. Cette fois, nous nous trouvons face à une armée de 50 000 hommes, extrêmement motivés, très organisés et très bien équipés, au sein d'un État naissant qui génère des revenus de plus de 1 milliard de dollars par an. Leur chef rallie les organisations radicales du monde entier. Il peut se faire obéir jusqu'en Algérie, lorsqu'il ordonne à ses fidèles de « tuer des Français ». Ses troupes déferlent simultanément sur la frontière turque et la capitale irakienne, tandis que nous leur « faisons la guerre », à tel point qu'on peut se demander s'ils remarquent notre présence !

La stratégie occidentale vire à la farce tragique. Elle semble destinée à apaiser l'indignation – très légitime – de nos opinions publiques, sans se donner les moyens de combattre réellement son adversaire. Le ralliement de la France à cette Coalition peut relever de deux mécanismes aussi préoccupants l'un que l'autre : le premier est celui d'une nouvelle guerre de « communication », semblable à celle menée par Nicolas Sarkozy en Libye, qui viserait davantage à redorer le blason d'un président discrédité qu'à voler au secours de lointaines populations en détresse. Dans la seconde hypothèse, la France serait consciente des enjeux, mais ferait preuve de la même myopie stratégique que ses alliés, en espérant venir à bout d'un État riche, féroce et conquérant, avec seulement quelques bombes et un peu de bonne volonté.

Vers une intervention terrestre ?

Une stratégie si naïve, au vu de la puissance de l'ennemi, que certains militaires n'hésitent pas à prendre la parole. Le général Richards, ancien patron de l'armée britannique, aujourd'hui libéré de son devoir de réserve, déclarait en septembre : « Nous ne viendrons jamais à bout de l'État islamique avec des frappes aériennes. Si on veut atteindre nos objectifs, il faudra passer par une guerre conventionnelle. Avec une armée sur le terrain, comme pour la précédente invasion irakienne de 2003… »

Les Kurdes de Kobané en arrivent au même constat : « Les frappes aériennes de la coalition ne suffisent *vraiment pas* ! » déclare Idriss Nassa, porte-parole des combattants de cette région. « L'aviation ne peut pas aller chercher les jihadistes un par un. »

Cela, l'État islamique le comprend très bien. Sur tous les fronts, ses hommes se déploient très largement, et ne forment aucun convoi : les véhicules et les armes lourdes restent éparpillés, afin qu'une frappe éventuelle ne puisse occasionner que des dégâts mineurs.

Au Congrès américain, l'unité de façade qui prévalait depuis le début de la guerre se fissure, au fur et à mesure que les jours passent et que la progression des jihadistes se poursuit : « Prévenir nos ennemis que nous n'enverrons jamais de troupes au sol ne semble pas une très bonne idée, explique Kevin McCarthy, *majority leader* à la Chambre des représentants. Au bout du compte, nous devrons envoyer des forces spéciales, *et d'autres troupes*, pour guider les frappes et vérifier les dommages que nous leur infligeons… »

« Vérifier les dommages » : une phrase qui résonne comme un aveu d'impuissance, pour une Amérique sourde et aveugle, incapable d'obtenir des informations concrètes sur la situation de son ennemi, malgré son arsenal invincible et les budgets astronomiques dont elle dispose.

Tom Switzer, chercheur à l'US Studies Centre, explique également que les troupes au sol deviendront bientôt indispensables : « Même si le président s'y oppose pour l'instant, il faudra des dizaines de milliers de soldats américains en Syrie et en Irak pour capitaliser sur nos frappes aériennes. »

Le général Dempsey, chef d'état-major américain, semble lui aussi ronger son frein : « Pour parler franchement, si des troupes américaines s'avèrent nécessaires, je recommanderai cette option au président. »

Pour le sénateur Lindsey Graham, qui considère l'intervention occidentale comme « trop tardive et trop pingre », l'échec semble inévitable : « Vous ne pouvez pas vaincre l'État islamique en occultant la composante terrestre. Il faudra des Américains au sol. En Syrie, mais aussi en Irak. Et il en faudra bien plus que 4 000 ! La stratégie qui consiste à nous appuyer sur l'Armée syrienne libre est militairement stupide ! Cette mythique "armée arabe" que nous essayons de mettre sur pied pour combattre l'EI va nécessiter beaucoup de soutien américain. Et aussi beaucoup de temps ! Si on compte sur eux, et qu'ils mettent un an pour arriver à Mossoul, je n'ose pas imaginer à quel point l'État islamique se sera renforcé ! »

L'ASL et l'Occident : une alliance toxique !

En effet, les États-Unis comptent désormais sur l'Armée syrienne libre pour mener les combats au sol. Au début du mois de septembre, Barack Obama approuvait l'aide militaire aux rebelles de l'ASL, afin qu'ils puissent attaquer Al-Bagdadi. Une décision saluée par le républicain John McCain et souhaitée de longue date par plusieurs conseillers de la Maison-Blanche. En apparence, un pas en avant. En réalité, une erreur colossale qui pousse la région vers davantage de chaos.

La décision prise par Obama (et par François Hollande avant lui) dénote une méconnaissance profonde des réalités du terrain. L'Armée syrienne libre peut faire frissonner d'extase un BHL ou d'autres philosophes aventuriers du quartier Latin : en réalité, elle ne représente qu'un agrégat de brigades indisciplinées, peu efficaces pour la plupart, et surtout dépourvues du moindre commandement central. On ne compte plus les affaires de corruption et de violences à grande échelle qui émaillent l'histoire de ces « libérateurs » au pedigree pour le moins discutable.

Des hommes comme Khalid Al-Thalani ou encore Hassan Aldjazera, des commandants de l'ASL accusés de meurtre, de pillage, de kidnapping et de torture, illustrent bien le faible crédit dont peut se targuer l'organisation auprès des civils. À ce titre, je me souviens d'une anecdote, rapportée lors de ma précédente enquête[1], où les civils d'Alep expliquaient que Jabhat Al-Nosra dépensait 5 millions de livres par jour pour cuire du pain pour les habitants, alors que l'EI se contentait de combattre et que l'ASL volait la farine ! Aujourd'hui, cette organisation constitue davantage une plate-forme du crime organisé qu'un véritable mouvement de libération.

L'ASL n'hésite pas à revendre les armes de l'Occident au plus offrant, y compris à l'État islamique, via quelques intermédiaires, comme le prouve la découverte de missiles Milan dans l'arsenal jihadiste de Kobané.

Perméabilité entre les différentes factions syriennes, corruption galopante de l'ASL et omniprésence des trafiquants d'armes, prêts à vendre n'importe quoi à n'importe qui… tout cela devrait nous inciter à la prudence. Livrer plus d'armes en Syrie constituerait

1. *Al-Qaïda en France*, Seuil, 2014.

une erreur dramatique. Surtout à l'intérieur de l'ASL, un « allié » qui n'obéit à personne, et dont les brigades fonctionnent en toute indépendance à travers le pays. Qui sera responsable du matériel distribué ? Qui s'assurera que les armes sophistiquées de l'Occident ne finiront pas une nouvelle fois entre les mains de l'adversaire ? Personne, aujourd'hui, ne peut assurer ce rôle de supervision au sein de l'Armée syrienne libre. Les États-Unis vont donc tout droit vers un nouvel échec, en misant sur des hommes et des structures aussi vérolées que l'armée sud-vietnamienne de Ngô Dinh Diêm. Le soutien octroyé à l'ASL ne résoudra rien. Bien au contraire, il achèvera de compliquer une situation déjà inextricable…

Une victoire… pour faire quoi ?

Mais si certains responsables politiques et militaires commencent à parler de troupes au sol, bien peu se posent la question de savoir ce qui se passerait, dans le cas fort peu probable d'une victoire ! Détruire le califat, soit. Mais pour le donner à qui ? Cette très épineuse question que personne n'aborde se pose avec encore plus d'acuité en Syrie qu'en Irak. À l'heure actuelle, la situation semble si complexe et si explosive qu'une victoire de la Coalition poserait certainement plus de problèmes qu'elle n'en résoudrait. La Syrie se trouve déchirée entre quatre groupes rivaux : le califat, l'Armée syrienne libre, le bloc islamiste (Al-Qaïda et d'autres brigades salafistes) et les troupes de Bachar Al-Assad. Si le califat et le régime de Damas représentent des structures stables, l'ASL et le bloc islamiste sont déchirés par les luttes intestines, qui peuvent dégénérer à tout instant en guerre ouverte.

Depuis les frappes de la Coalition en Syrie, Al-Qaïda combat aux côtés de l'État islamique. Nos soldats envoyés au sol affronteraient donc les jihadistes de l'État islamique et ceux de Jabhat Al-Nosra. Dans le même temps, il est utile de rappeler que certaines brigades de l'Armée syrienne libre ne cachent pas leur idéologie salafiste. En cas d'attaque terrestre, ces groupes rallieraient immédiatement la coalition islamiste, voire le califat. D'ailleurs, même les leaders de l'ASL voient d'un très mauvais œil une éventuelle invasion de la Syrie et l'hypothèse de voir nos « amis » modérés se retourner contre une « invasion » occidentale ne peut pas être écartée. Invasion sans laquelle, rappelons-le, tous nos efforts du côté irakien de la frontière seraient voués à l'échec.

Dans ce nœud de vipères impossible à démêler, aucune option ne paraît pleinement satisfaisante. Les frappes aériennes ne parviendront pas à détruire l'État islamique. Quant à une intervention terrestre, elle présente elle aussi des inconvénients majeurs : un face-à-face avec les jihadistes en territoire sunnite provoquera des pertes difficilement calculables.

– Cette fois, il ne s'agit pas d'affronter les soldats de Saddam Hussein, qui désertaient au fur et à mesure de la progression américaine, explique Abou Maria. Les dizaines de milliers d'hommes du califat vous combattront jusqu'à leur dernière goutte de sang. L'Occident n'aura pas connu une telle boucherie depuis longtemps…

Si nous triomphons du califat islamique, nous remplacerons un régime moyenâgeux par une guerre civile sans fin. Les milliers de soldats que nous perdrons dans les déserts d'Irak et de Syrie doivent-ils être sacrifiés pour un résultat aussi médiocre et hasardeux ?

L'Occident fait le jeu du calife...

Coincé entre la stratégie actuelle dont on discerne déjà les limites, et l'éventualité d'une guerre au sol particulièrement meurtrière, il convient de se demander si ces bombardements revêtent la moindre utilité. Al-Bagdadi semble nous avoir piégés dans une guerre inutile, presque indolore, qui lui confère toute la légitimité dont il manquait au sein de la nébuleuse jihadiste mondiale. Il a proclamé le califat en juin, mais ce sont bien les Occidentaux, un mois plus tard, qui entérineront définitivement son statut de calife ! La guerre que nous venons de lui déclarer donne la mesure de son importance. Et le fait qu'une Coalition internationale s'attaque à l'État islamique a pour lui la valeur d'une reconnaissance autant que d'une menace.

En déclenchant une bataille que l'on ne peut pas gagner, nous rallions tous les musulmans radicaux de la planète autour de cet homme, qui a beau jeu de présenter le conflit comme « une nouvelle croisade ».

– Vous avez donné à Al-Bagdadi la guerre qu'il attendait, explique Abou Maria. Celle qui lui permet de s'imposer comme la figure centrale du jihad. Vos bombes ne suffiront pas pour détruire son organisation, mais elles lui confèrent un prestige inégalé. Il devient le nouveau Ben Laden. Et même plus ! Grâce à vous…

Que fallait-il faire ? Cette question, des cohortes de spécialistes et de « politologues » bien peu éclairés s'empresseront d'y répondre, lorsqu'il deviendra clair que l'État islamique ne disparaîtra pas sous les frappes aériennes. Pour ma part, je me garderai bien d'y répondre. Mon travail se borne à communiquer des faits et des informations à mes lecteurs. J'estime avoir accompli ma mission.

En vérité, en interrogeant les différents acteurs du conflit dans cette région, que je commence à bien connaître, aucune solution ne me semble envisageable pour l'instant. À mon sens, nous n'avons pas pris la décision d'entrer en guerre de manière réfléchie. Al-Bagdadi et d'autres nous y ont poussés, comme on piège un gros poisson en devinant ses réflexes, lorsque le leurre passe devant lui. Mordra-t-il à l'hameçon ? Le bon pêcheur sait imprimer les mouvements adéquats à son appât pour provoquer l'attaque. C'est pourquoi je pense qu'Al-Bagdadi nous a « ferrés ». Il a voulu cette guerre, ce nouveau bourbier qui sert son image et renforce son prestige à travers le monde, ce fantastique outil de propagande et de recrutement que nous lui offrons sur un plateau. Une « nouvelle croisade » capable de rallier toujours plus de musulmans sous la bannière de l'État islamique. Et depuis des mois, à tort ou à raison, nous entrons dans son jeu…

11

L'État islamique et la France

Les sympathisants

L'État islamique séduit un grand nombre de Français. La multiplicité des profils concernés en atteste. Désormais, il ne s'agit plus seulement d'un noyau dur de jihadistes expérimentés, radicalisés de longue date, gravitant au sein d'une mouvance marginale et aisément contrôlable. Les « volontaires » proviennent de tous les milieux et de toutes les tranches d'âge.

Les *très* jeunes Françaises semblent de plus en plus nombreuses à partir. Une démarche folle, incompréhensible, puisqu'elles ne serviront qu'à approvisionner un vaste réseau de « proxénétisme islamique » savamment mis en place par les rabatteurs du califat. D'autres femmes occidentales se marient par choix avec des combattants rencontrés sur Skype, en sombrant dans la même folie sanguinaire que leur moitié. Une étudiante britannique de 22 ans a ainsi quitté l'université de Glasgow et rejoint la Syrie pour épouser un jihadiste. Depuis, elle appelle au terrorisme contre la Grande-Bretagne, par l'intermédiaire de Twitter. Des jumelles de 16 ans, surnommées « Twin Terrors » (« les jumelles de la terreur »), par la presse britannique, ont épousé des combattants de l'État islamique et vivent désormais à Raqqa. Elles affirment dans leurs tweets qu'elles aiment beaucoup leur surnom, « parce qu'il fait peur aux païens ! ». Elles s'amusent en déclarant sur les réseaux sociaux : « Nous voulions devenir des docteurs et maintenant nous apprenons à devenir des tueurs ! » Ce qui est vrai pour les jeunes Britanniques l'est aussi pour les Françaises.

Les adolescentes ne sont pas les seuls invités surprises de ce jihad d'un nouveau genre : en Syrie, Abou Maria me montrera la photo d'un vieil homme nommé Abou Moustapha Al-Françaoui. Longue barbe rousse, plutôt petit entre les deux grands gaillards syriens qui l'entourent sur le cliché. Abou Maria, nullement gêné de me dévoiler la photo de cet ancien frère d'armes passé à l'ennemi (entendez à l'État islamique), m'en dira un peu plus sur son parcours : français, issu d'une famille athée, il se convertit d'abord au bouddhisme. Après quelques séjours en Asie, il opte pour le christianisme orthodoxe, séjourne plusieurs mois dans un monastère avant de... se convertir au judaïsme ! Ce n'est que très récemment qu'il a embrassé l'islam, sous sa forme la plus rigoureuse, évidemment ! Combattant d'abord chez Jabhat Al-Nosra, il jugera qu'Al-Qaïda incarne une ligne trop souple et rejoindra l'État islamique à l'été 2014.

Parmi les combattants européens engagés au côté de l'État islamique, on trouve beaucoup de gangsters et de petits délinquants. Certains « essaient » le jihad comme on essaie le foot ou le tennis, avant de revenir aux larcins qui rythment leur médiocre existence.

Abderrazak Benarabi, dealer marocain au Danemark, s'était promis de voler au secours de la Syrie si son frère guérissait du cancer. Pourtant, après quelques mois, il abandonnera ses nobles desseins, pour se replonger dans une sanglante guerre des gangs à Copenhague. D'autres, en revanche, poursuivent le combat et demeurent en Syrie, comme les rappeurs et les anciens gangsters de la brigade Millet Ibrahim.

Cette diversité des profils, qui rassemble des femmes, des hommes, des adolescentes, des cinquantenaires, des gangsters, des routards paumés et des étudiants modèles, me laisse penser que les « fans » du califat sont beaucoup plus nombreux que nos dirigeants ne veulent bien l'admettre. L'État islamique draine un nombre de sympathisants proportionnel à son audience. Or, celle-ci est très large et très variée. Impossible de croire que les « sympathisants » ne sont que quelques milliers dans notre pays.

À ce titre, un sondage particulièrement intéressant a été effectué en France par l'institut britannique ICM Research[1]. L'enquête est passée totalement inaperçue dans nos médias, malgré la gravité de ce qu'elle révèle. Selon cette étude, 16 % des Français interrogés déclarent avoir *une opinion favorable ou très favorable* de l'État islamique ! Contre 2 % en Allemagne... Un chiffre fou, terrifiant, plus grave et plus révélateur que n'importe quelle autre information parue ces derniers mois, puisqu'il indique que 1 Français sur 6 soutient et approuve le mouvement le plus sanguinaire et le

1. http://www.icmresearch.com/data/media/pdf/New-EU-Comb.pdf, p. 3.

plus agressif auquel nous ayons dû faire face depuis des décennies !

Le 14 octobre 2014, alors que je terminais ce livre, un jihadiste français interrogé en Syrie lors d'un « micro-trottoir » organisé par l'État islamique, appelait dans la langue de Molière les musulmans de notre pays à « tuer n'importe quel civil » pour se venger des frappes aériennes. « Comme le glorieux Mohamed Merah », déclarait-il. Avec 1 sympathisant sur 6 en France, la mise en garde a de quoi faire frémir…

Ce sondage n'émane pas d'un petit groupe d'amateurs orientés, mais d'un institut de recherche hautement qualifié, dont le travail et les résultats n'ont pas été remis en question ! Le silence de la presse française, qui n'a pas relayé les résultats de cette étude, ressemble bel et bien à un grave manquement au devoir d'informer…

La France, malade de l'islam ?

Comment expliquer le mutisme de nos médias et de nos responsables politiques, dès qu'il s'agit d'évoquer un travers lié à la communauté musulmane de France ? Cette censure qui ne date pas d'hier relève d'un mélange particulièrement toxique d'ignorance et de complaisance qui pousse nos dirigeants vers un aveuglement dangereux.

L'ignorance concernant les risques présentés par un certain islam, tout d'abord : souvenons-nous de Nicolas Sarkozy, alors ministre de l'Intérieur *et des Cultes*, qui ignorait si Al-Qaïda était une organisation sunnite ou chiite[1] ! Ou encore de François Hollande, chantant les louanges d'une révolution syrienne dont il ignorait tout, et encourageant de manière implicite les jeunes musulmans à s'engager dans cette guerre de libération soutenue par la République ! Deux épisodes parmi d'autres, qui révèlent à quel point la conduite de l'État devient aujourd'hui une affaire d'amateurs...

Engoncés dans leur ignorance, nos dirigeants n'ont pas pris la mesure du danger. Ni à l'étranger ni sur notre territoire. Au lieu de circonscrire et de neutraliser l'islam radical en France, nous l'avons laissé se répandre dans la société depuis deux décennies, auprès d'une audience chaque jour un peu plus large.

Comment en sommes-nous arrivés là ? En partie « grâce » à de sinistres alliés comme le Qatar et l'Arabie Saoudite, qui déploient un réseau d'influence tentaculaire au sein de nos banlieues et de la communauté musulmane française. Depuis des années, et en toute impunité !

Or le wahhabisme saoudien et qatari s'apparente beaucoup au salafisme. La seule différence est que le premier accepte l'autorité d'un roi sur une seule nation, tandis que le second se bat pour l'avènement du califat islamique mondial. En ce qui concerne l'application de la Charia, la démocratie, les droits de l'homme ou encore le statut des non-musulmans, salafisme et wahhabisme préconisent la même doctrine brutale et ségrégationniste. Les émirs bouffis des pétromonarchies du Golfe, qui achètent nos clubs de foot, nos hippodromes et nos Airbus, partagent en

1. Interview avec Jean-Jacques Bourdin.

réalité, ou peu s'en faut, les mêmes idées et la même vision du pouvoir que l'État islamique. Même s'ils ne pratiquent pas une politique d'annexion *militaire*, comme Al-Bagdadi, leur stratégie n'en demeure pas moins terriblement invasive.

Ces émirs, passés maîtres dans l'art du double langage et de la tromperie, entretiennent d'aussi bonnes relations avec François Hollande qu'avec les chefs talibans ! L'émir du Qatar participe aujourd'hui à la Coalition internationale contre l'État islamique. Pourtant, en septembre 2014, les États-Unis détecteront un transfert de 2 millions de dollars en provenance du petit émirat, directement destiné au département des attentats-suicides d'Al-Bagdadi, en Irak[1]. Le roi Abdallah d'Arabie Saoudite joue les vierges effarouchées et se dit choqué par les « têtes coupées » que brandissent les jihadistes en Irak[2]. Pourtant, chaque vendredi, l'Arabie Saoudite procède à des décapitations publiques, dans la plupart des villes du royaume.

Et ce sont ces États brutaux et arriérés qui financent et façonnent l'islam de France depuis des années, à travers une multitude de mosquées et d'organisations caritatives qui relaient leur propagande sur notre territoire. Tant que les pétrodollars continueront d'alimenter les entreprises du CAC 40, aucun responsable politique ne voudra s'attaquer sérieusement au problème…

1. « ISIS's Emir of Suicide Bombers Raised 2 Million Dollars for Military Operations from Mystery Qatari Donor, say US officials », *Daily Mail*, 27 septembre 2014.
2. « Amid ISIS. Violence, Saudi King Warns of Threat to US », CBS News, 30 août 2014.

La différence entre wahhabisme et salafisme est si ténue, si théorique, que les jeunes Français se contentent de retenir ce qui les rapproche : les mécréants sont des ennemis, et les musulmans doivent diriger le monde. Voilà le message clé de cet islam « importé », qui domine aujourd'hui nos cités et pousse tant de jeunes dans les bras d'Al-Bagdadi.

Mais les pétromonarchies ne sont pas les seules responsables de cette situation. Nos dirigeants refusent d'aborder le problème de l'islam au sein de la société française, par crainte d'un « amalgame », que leur faiblesse et leurs atermoiements contribuent à créer. En tolérant les prières de rues, en laissant les drapeaux du jihad fleurir dans les manifestations « pro-palestiniennes », et en acceptant que les cités deviennent des zones de non-droit où le salafisme se développe sans entrave, nous participons bel et bien à la marginalisation de l'islam *dans son ensemble.*

On veut criminaliser le jihad, sans se préoccuper du salafisme qui se développe en France à une vitesse folle. On attaque le symptôme sans s'attaquer à la maladie. C'est l'islam radical qui produit les jihadistes, les cellules clandestines et les tueurs fanatisés comme Mohamed Merah ou Mehdi Nemmouche. Refuser de le combattre dans sa globalité pour se focaliser sur ceux qui partent en Syrie conduit la France droit à la catastrophe.

Nous refusons d'agir avec la fermeté qui s'impose contre les extrémistes, sous prétexte qu'ils ne sont ni des terroristes ni des candidats au jihad. En conséquence, nous ne parvenons pas à les détacher du reste de la communauté musulmane, qui pourtant ne partage pas leurs opinions. À cause de cette insupportable mollesse, notre pays s'enlise depuis des années dans un gigantesque déni de réalité, en espérant que la menace disparaîtra d'elle-même. À l'inverse, elle ne fait que croître…

Les jihadistes français de l'État islamique… Un profil ?

Depuis le Printemps arabe, l'islam radical qui fleurit en France s'exporte vers la Syrie et l'Irak. Les Français formés à l'école des prêches saoudienne et qatarie intègrent tout naturellement l'armée d'Al-Bagdadi. Une organisation qui, en Occident, draine une faune particulièrement exécrable…

Il faut en effet comprendre que l'État islamique n'est pas Al-Qaïda. Ben Laden et Al-Zaouahiri savaient s'entourer de personnalités prestigieuses et reconnues dans l'univers du salafisme, dont on pouvait récuser l'idéologie, mais pas l'érudition. À ce titre, l'État islamique semble loin du compte.

– Al-Bagdadi n'a consulté que quelques notables de Syrie et d'Irak pour sa nomination, explique Abou Maria. Ce calife qu'on présente comme le nouveau pilier de l'islam dans le monde n'a été choisi que par une petite assemblée provinciale, sans aucune légitimité. Regarde leurs communiqués : mis à part des exécutions et des images de guerre, on ne trouve rien de réfléchi. Pas de projet politique sur le long terme. L'État islamique est une redoutable machine de combat. Un État policier très riche et très organisé, qui va faire beaucoup de mal à l'Occident. Mais leur message « spirituel » est aussi profond que leurs clips vidéo...

Par comparaison, le discours d'Al-Qaïda est très élaboré. Il séduit ses futures recrues en faisant appel à leurs origines, à leur foi, mais également à leur logique et, dans une certaine mesure, à leur intelligence. En fondant sa propagande sur la seule exaltation du meurtre et du carnage, l'État islamique récolte exactement ce qu'il sème : en Europe et en Amérique, il attire un grand nombre d'inadaptés, de faibles d'esprit et de psychopathes. Dans une proportion bien supérieure à celle des autres brigades.

Terrorisme

« Jamais, dans l'histoire de notre pays, nous n'avons connu une telle menace », déclarait Manuel Valls le 3 octobre 2014. Cette menace, poursuivait le Premier ministre, « est celle de compatriotes, de concitoyens, qui vont à l'étranger pour se former à la terreur et à l'horreur afin de frapper éventuellement leur propre pays ». Et le chef du gouvernement d'énumérer son tableau de chasse au cours des derniers mois : 119 interpellations, 81 mises en examen et 56 incarcérations. Ainsi que plusieurs projets d'attentats déjoués sur le sol français...

En réalité, 2014 marque un véritable tournant en matière de terrorisme. Une année noire. Mehdi Nemmouche sera le précurseur de cette nouvelle vague de violence qui semble vouloir frapper partout à la fois. Le tueur du Musée juif de Bruxelles venait de combattre pendant neuf mois au sein des troupes de l'État islamique, en Syrie. Qui lui a fourni ses armes en Belgique ? Qui l'a logé, financé et caché pendant plusieurs mois, alors que les services de renseignement français étaient à sa recherche depuis son arrivée en Allemagne ? Toutes ces questions encore sans réponse démontrent clairement que le réseau salafiste belge, dans lequel gravitait Nemmouche, présente un risque réel pour la sécurité intérieure de ce pays. Fondée sur les reliquats de Sharia4Belgium, une organisation islamiste ultra-radicale, et une collusion informelle de vétérans du jihad syrien, cette nébuleuse, qu'on retrouve dans tous les pays d'Europe, est à la fois bien organisée, secrète et suffisamment déterminée pour soutenir les projets d'un futur terroriste, aussi abominables soient-ils.

Le 20 septembre 2014, Bruxelles annonçait avoir déjoué une série d'attentats, notamment contre la Commission européenne. Plusieurs arrestations s'ensuivirent, et même si peu d'éléments sur l'enquête seront révélés, l'affaire semble bien avoir été menée de main de maître par les services de renseignement belges. Un journaliste bruxellois proche du R3[1] me déclarait à ce sujet :

– On a vraiment frôlé la catastrophe.

Jusqu'à la prochaine fois…

Le 23 septembre, les Américains créaient la surprise en lançant leurs premières frappes en Syrie, non pas contre l'État islamique, mais contre une brigade d'Al-Qaïda nommée Khorasan. Un nom que beaucoup considèrent comme une invention de Washington[2].

1. Renseignement belge.

2. Aaron Zeilin, sur Tweeter : *It's cute. Pentagon is literally making up a new group called Khurasan.*

Il désigne un groupe d'émirs installés en Syrie depuis 2012, dont le seul et unique but est de former des kamikazes occidentaux pour lancer des attaques en Europe et aux États-Unis. La brigade Khorasan est dirigée par Muhsin Al-Fadhli, un proche de Ben Laden, l'un des rares membres d'Al-Qaïda à avoir été informé *à l'avance* des attentats du 11 Septembre. Cet homme entretient des contacts très étroits avec la branche yéménite de l'organisation. En particulier un de ses cadres nommé Ibrahim Al-Asiri : le meilleur artificier d'Al-Qaïda. Un haut responsable américain confiait à CNN, le 23 septembre 2014, que Khorasan « posait une menace imminente pour l'Amérique. Ils projetaient d'utiliser des détonateurs indétectables, et de l'explosif dissimulés dans des tubes de dentifrice. Je ne peux pas vous donner les détails, mais le plan était ingénieux ».

Les ramifications de Khorasan en Occident semblent si étendues que le directeur du FBI, James Comey, déclarait, le 25 septembre 2014, que des cellules étaient peut-être toujours à l'œuvre en Europe et aux États-Unis. « Je ne suis pas du tout certain que les frappes aériennes contre leur brigade aient réussi à déjouer leurs plans. »

La menace est réelle, permanente et globale. « Structurelle », ajoute notre Premier ministre, qui multiplie les déclarations sur le terrorisme. Comme s'il cherchait à préparer l'opinion publique à un drame que beaucoup considèrent déjà comme inévitable. Pour Roland Jacquard, « la question n'est plus de savoir s'il y aura des attentats, mais plutôt quand ».

Que faire des Français de l'État islamique ?

Lors d'un débat auquel j'ai participé en octobre 2014 avec Gilles de Kerchove, le patron de la lutte antiterroriste européenne, ce dernier déclarait que la France et les autres nations européennes devaient tenter de réintégrer ces combattants, même « s'il sera difficile de changer leurs idées ».

Voilà toute la contradiction à laquelle nous nous heurtons aujourd'hui : nous pouvons peut-être les « réintégrer » – à supposer qu'ils le souhaitent ! Une fois de retour, ils peuvent enfiler un jean à la place de leur treillis, quitter leurs casemates irakiennes pour s'installer dans un appartement parisien, trouver un travail au lieu de faire le jihad… Mais leurs idées, nous ne les changerons pas ! Ces combattants de l'État islamique sont désormais porteurs d'une haine viscérale à l'encontre de notre pays. Ils possèdent une expérience de la guerre et de la violence qui les rendent particulièrement dangereux. Et surtout, ils ont choisi le camp de la barbarie contre celui de la République. Ils ont répudié toutes nos valeurs : la tolérance, le respect de la vie, les droits de l'homme et surtout ceux de la femme, la démocratie… Ces combattants se déclarent désormais prêts à donner leur vie pour les détruire. « Comme le Glorieux Mohamed Merah », disent-ils[1]. Leur réinsertion sera difficile, dangereuse et peut-être même impossible…

1. Ronan Tésorière, « Un jihadiste francophone menace la France "de tueries" », *Le Parisien*, 14 octobre 2014.

Aujourd'hui, entre la France et ce « califat de la terreur », il n'est plus question de jihad ou de supposées « croisades ». Juste d'un combat acharné entre un modèle républicain que nous devons recommencer à défendre, tous ensemble, avec les musulmans qui aiment ce pays et qui en acceptent les lois, contre des tueurs sanguinaires de l'État islamique qui achètent leurs esclaves sur les marchés, qui « aiment la mort plus que la vie »... Et qui pourraient nous porter un coup fatal, plus rapidement que nous le pensons.

Paris, octobre 2014.

Table

RÉALISATION : NORD COMPO À VILLENEUVE D'ASCQ (NORD)
IMPRESSION : CPI FIRMIN DIDOT AU MESNIL-SUR-L'ESTRÉE
DÉPÔT LÉGAL : NOVEMBRE 2014. N° 122750-2 (125719)
IMPRIMÉ EN FRANCE